행복의 그릇을 채워주는

365일 마음공부

·무명 지음 | 민보현 그림 ·

 샘앤파커스

만다라를 보면서 하루 한 구절

마음에 깊이 새기면 화가 사라지고

날마다 좋은 일이 생기며 복이 옵니다.

행복의 그릇을 채워주는
365일 마음공부

2019년 5월 15일 초판 1쇄 발행

지은이·무명
그린이·민보현

펴낸이·김상현, 최세현
편집인·정법안
디자인·김지현

마케팅·김명래, 권금숙, 양봉호, 임지윤, 최의범, 조히라, 유미정
경영지원·김현우, 강신우 | 해외기획·우정민
펴낸곳·(주)쌤앤파커스 | 출판신고·2006년 9월 25일 제313-2006-000210호
주소·경기도 파주시 회동길 174 파주출판도시
전화·031-960-4800 | 팩스·031-960-4806 | 이메일·info@smpk.kr

ⓒ 무명(저작권자와 맺은 특약에 따라 검인을 생략합니다)
ISBN 978-89-6570-801-8 (00220)

가장 소중한 사람은 나입니다

천만금의 재물이 있다고 해도

건강을 잃으면 아무런 소용이 없습니다

항상 힘든 나를 보듬어주고 사랑하세요.

그림 민보현

인간의 내면세계를 자신만의 따스한 시선으로 한 땀 한 땀 그림과 전각으로 자기고백의 수(繡)를 놓는 작가. 그는 언제나 넉넉한 마음으로 세상을 마주한다. 1970년 서울에서 태어나 미국 탬플턴 대학교에서 상담심리 및 미술심리치료를 전공하였다. 현재 Master of yoga of the Voice, Synchronicity Music Meditation Master, Supervisor 및 미술심리치료사로 활동 중이다. 대한민국 전각만다라 명인으로서 국내외 등지에서 전각만다라 전시회를 열었으며 국내 회화전에서도 여러 차례 작품상을 수상한 바 있다.

무명스님

경남하동 지리산 산골마을에서 태어나 순천 선암사에서 용하스님을 은사로 득도하였다. 일찍이 부모님의 죽음을 겪고 묏자리 하나 제대로 쓸 수 없는 현실을 한탄하며 재물과 돈이 필요 없는 세상에 살고 싶어서 출가를 결심했다. 지난 3년 동안 불교TV에서 '그대는 알겠는가.'라는 주제로 생활법문을 하여 많은 불자들의 마음을 정화시켰다. 현대인들이 앓고 있는 병이 과거생과 현생에 지은 업에서 온다는 사실을 일깨우는 한편, 신심을 가지고 간절히 기도하면 마음의 병과 불치병, 그리고 개인의 어려움도 능히 극복할 수 있음을 일러주고 있다. 지은 책으로 《업의 그릇을 비워라》가 있다. 현재 부산 무명사 주지이며 금정산 무명사 회룡선원 회주이다.

하루를 시작할 때 좋은 생각을 하면 종일 행복해집니다. 오늘 하루가 즐거우면 365일 내내 행복해집니다. 만다라는 복을 구하고 악업을 물리치는 그림이어서 인도 네팔 티베트 등지에서는 만다라를 보거나 그리는 것을 수행의 한 방편으로 삼고 있습니다. 당신도 하루 한 구절 마음을 적시는 글을 읽어보세요. 행복과 사랑으로 가득한 자신을 발견할 수 있을 겁니다.

금정산 무량사 회룡선원

무명

세상을 긍정적으로 바라보는
습관을 항상 지니면
나도 모르게 복이 찾아옵니다.

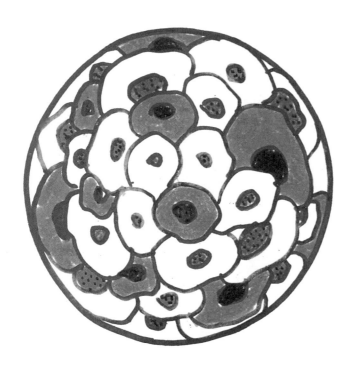

자기 자신을 사랑하면
타인도 나를 사랑합니다.

선악은 따로 있지 않습니다
우리의 마음에 따라
선과 악이 드러납니다
당신은 어떤 마음을 지니고 있나요.

복은 구하는 것이 아니라
짓는 것입니다
지금의 나를 위해
복을 지으세요
그 순간부터 행복해집니다.

몸을 잘 단속하고
입을 조심하고
마음을 잘 다스리세요
신구의(身口意) 삼업을 지키면
반드시 성공합니다.

어리석은 사람은
물을 반쯤 채운 항아리와 같고
지혜로운 사람은
물이 가득한 연못과 같습니다.
《숫타니파타》

1.6

무얼 그리 움켜쥐고 있나요
지금 내 마음이 괴로운 건
무언가에 집착하기 때문이지요
놓고 버리고 비우면
한결 마음이 편안해집니다.

당신만 힘들다고 생각하지 마세요
누구나 사는 것이 힘듭니다
힘들다 힘들다고 자꾸 생각하면
걸어오던 복도 도망갑니다.

1·8

모든 존재들은 인연으로 만나고
인연으로 소멸합니다
인연에 너무 연연하지 마세요
만남도 헤어짐도
삶의 한 과정입니다.

우리가 사는 세상은
깨끗함, 혼탁함, 더러움이
공존합니다
진흙 속에서 연꽃이 피어나듯이
내 마음이 세상속의 더러움에
물들지 않음이 더 중요합니다.

깨달음에는 나무가 없습니다
큰 나무가 되기 위해서는
가지치기를 잘해야 하듯이
몸속의 나쁜 것을 버려야
큰사람이 됩니다.

세상에서 가장 소중한 건 나입니다
내가 없다면 남도 있을 수 없습니다
자신을 잘 다스릴 때
소중한 나를 지킬 수 있습니다
주인공은 바로 나입니다.

《본생경》

작은 이익과 명예를 얻기 위해
누군가의 마음을
배반하지 마세요
더 큰 손실을 보게 됩니다.

세상에는 세 가지의 허황된 가르침이 있습니다
사람에게 운명이라는 것이 있으며, 신의 뜻이 있으며
모든 일에는 아무런 원인이 없다는 말입니다.
《장아함경》

1·14

1층을 짓지 않고는
2층을 올릴 수 없으며
3층을 올릴 수 없습니다
모든 일에는 순서가 있습니다
서두르지 말고 차근차근
자신의 일을 하세요.
《백유경》

쓸모없이 늘어놓는 말보다
마음을 울리는
한마디가 더 뛰어난 말이다.
《법구경》

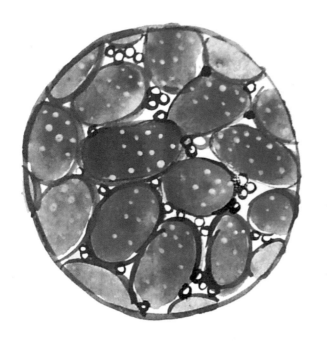

말은 사람이 가진 생각에
사상의 옷을 입히는 것입니다
한 번 더 깊이 생각하고
말을 하세요.

말을 잘한다는 것은
잘 꾸민다는 것이 아니라
적시 적소에 필요한 말,
남에게 위안을 던져 줄 수 있는 말,
가슴에 오래 남는 말입니다.

1·18

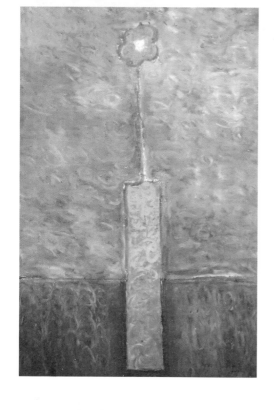

사랑하는 사람을 만나지 마세요
미워하는 사람도 만나지 마세요
사랑하는 사람은 못 만나서 괴롭고
미워하는 사람은 만나서 괴롭습니다.
《법구경》

괴로움은 누가 만드는 것이 아니라
나 스스로가 만든 것
욕심과 집착을 놓아버리면
저절로 마음이 행복해집니다.

1.20

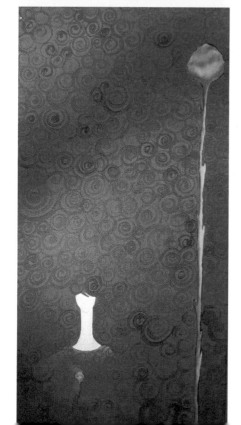

사람은 태어날 때
입안에 도끼를 가지고 나옵니다
어리석은 사람은 말을 함부로 함으로써
그 도끼로 자신을 찍고 맙니다.
《숫타니파타》

만약, 죄를 지었으면
감추지 말아야 합니다
참회하면 죄가 가벼워지고
부끄러움을 느끼면
죄악 자체가 소멸됩니다.
《열반경》

지혜로운 이는 잘못했을 때
빨리 인정하고 뉘우치지만
잘했을 때는 오히려 더 겸손합니다.

나를 위한 자성의 시간을 가지세요
자신에게 주어진 시간들은
자신을 성장시키는 밑거름이 됩니다.

1·24

말은 아낄수록 무거워지고
남에게도 진실하게 보입니다.

1.25

좋지 않은 말을 하면
악의 씨앗이 되어
반드시 자신에게 돌아옵니다.

좋은 말은 향기와도 같아서
남에게 위안이 되고
행복의 원천이 됩니다.

하루하루 잠으로서 소득 없이
헛되이 보내는 것은
수행자의 도리가 아니며
자신을 구제하기 위해서는
항상 깨어 있어야 합니다.
《유교경》

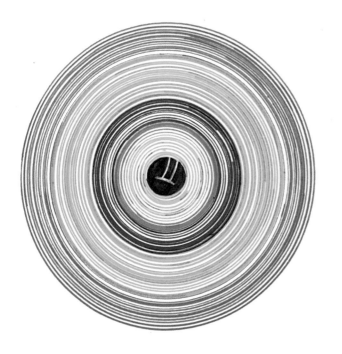

늦잠을 자면
온종일 총총걸음을
걸어야 합니다.

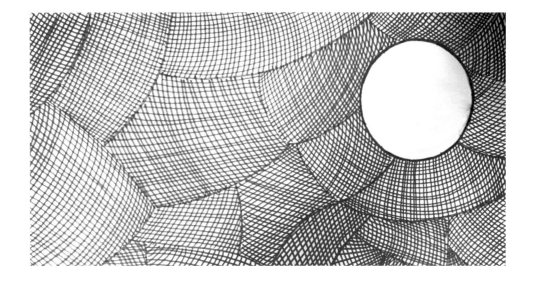

육신은 배와 같고 감정은 물과 같습니다
물은 능히 배를 가라앉히고 뒤집을 수 있으며
물이 순종하면 배가 뜨고 어긋나면 가라앉습니다.
《선문보훈집》

1·30

천만금의 재물이 있다고 해도
건강을 잃으면
아무런 소용이 없습니다
수의에는 주머니가 없습니다.

마음을 비우듯이
업의 그릇을 비우세요
당신의 마음그릇에
복이 가득 채워집니다.

얼굴에 미소가 가득한 이는
면역력이 뛰어나
병에 걸리지 않고 오래 삽니다
항상 아름다운 미소로
사랑스러운 말만 하세요.

물을 많이 담으면 그릇이 넘치듯이
마음에 과한 욕심을 담으면
오장육부가 썩게 되어
육신의 병이 됩니다.

2·3

2·4

몸속 위장을 비우듯이
마음그릇을 비워 두세요
그러면 날마다 좋은날이 됩니다.

마음에 번뇌가 이는 것은 끊지 못하는 인연 때문이요
사람이 시끄러운 것은 마음이 고요하지 못해서입니다.

2.5

어리석은 사람은 눈앞의 일만 생각하고
지혜로운 사람은 항상 내일을 생각합니다.

2·6

업의 무게는
알고 저지르는 것보다
모르고 저지르는 것이
더 무섭습니다
알고 저지르면
참회하여 고칠 수 있지만
모르고 저지르는 업은
나쁜지 좋은지
판단하지 못합니다.

대가를 바라지 않고 하는 보시를
불가에서는 무주상보시라고 합니다
이것은 그 어떤 보시보다도 공덕이 큽니다.

베푸는 마음은 측은지심의 발로입니다
대가나 명예를 얻기 위해서 베푸는 것은
진정한 보시가 아닙니다.

2.9

자비란 남에게 행복을 베풀고
고뇌를 덜어주는 것을 말합니다
오늘 당신은 남을 위해
어떤 자비를 행하였나요.

2·10

2.11

반야는 진실함을 깨달아
어려운 일이 닥쳤을 때
판단하는 지혜를 가리킵니다
오늘 당신은 자신을 위해
어떤 마음공부를 하셨나요.

모든 종교의 이념은 자비에 있습니다
더불어 살아가는 세상에서
자비보다 더 가치 있는 삶은 없습니다.

있다 없다, 아름답다 추하다,
많다 적다라는 분별심을 버리면
모두 행복해질 수 있습니다.
당신은 자신을 위해 분별심을 버렸나요.

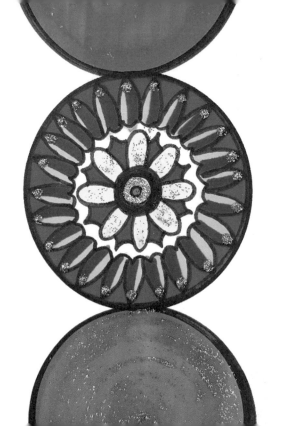

지혜를 증득하려면
나쁜 짓을 삼가고
항상 착한 일을 행하여
마음을 깨끗하게 하세요.

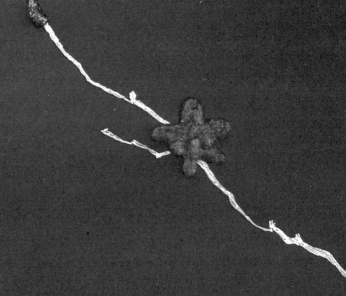

전생에 지은 업이 현생으로 이어지고,
현생에 지은 업이 내생으로 이어집니다
이것이 있으므로 저것이 생겨납니다.

2·15

식물학자 '르콩트 뒤 노이'는 말했습니다.
'죽음은 육체의 소멸이 아니라 진화의 한 과정이다.'
그의 말은 죽음은 또 다른 탄생을 위한
필연적인 길임을 강조하고 있습니다
누군가의 죽음을 너무 슬퍼하지 마세요
자신이 절망으로 빠질 수 있습니다.

2·16

진정한 가피는
타인에게 폐를 끼치지 않고
건강하고 행복한 삶을
지금 이 순간에도 누리고 있는
나 자신임을 명심하세요.

기적은 따로 없습니다
오늘 하루 몸 건강하고
행복하게 살면서
아침마다 눈을 뜨는 것
그 자체가 바로 기적입니다.

누군가의 간절한 기도는
타인의 마음을 움직이게 합니다
당신은 누군가를 위해
간절한 기도를 한번이라도 해본 적이 있었나요
만약, 없었다면 지금부터라도 해보세요

2.19

당장, 모든 것이 달라집니다.

인연은 선연과 악연이 있습니다
악연이 꼭 나쁜 것만은 아닙니다
악연도 전화위복으로 삼아서
자신의 복으로 이끌 수 있습니다.

2·20

2.21

부부는 천생연분입니다
일생은 태어나서 죽을 때까지를 의미하고
천생연분은 태어나서 죽기를 일천 번하다가
만난 인연을 가리킵니다
이토록 부부의 연은 아득하고 깊습니다
당신은 남편과 아내를 얼마나 사랑하시나요.

우리는 날마다 yes와 no 속에서 살고 있습니다
yes와 no 사이에는 엄청난 간극이 있습니다
우리는 너무 쉽게 yes와 no를 선택하는 것은 아닐까요
어떤 일을 하든지 세 번은 생각하세요.

주관이 뚜렷해야 합니다
남이 좋으면 나도 좋고,
남이 나쁘면 나도 나쁘게 생각하는
부화뇌동은
자기발전을 해칩니다.

"나는 할 수 있다"는
긍정적인 생각을 항상 가지세요
그 어떤 어려운 일도
당신은 가볍게 해낼 수 있을지 몰라요
세상에는 안 되는 일이 없습니다
모든 건 내 마음에 달려 있지요.

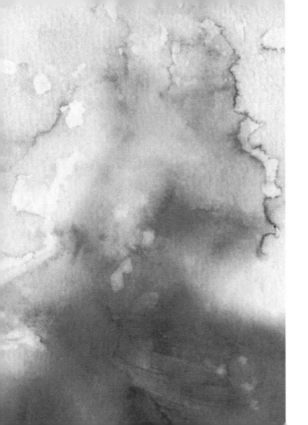

yes나 no를 할 때는
항상 신중하게 생각해야 합니다
무조건적인 yes와 no는
나쁜 결과를 초래할 수 있지요.

눈앞에 있는 것에 너무 집착하지 마세요
잡으려다가 보면 도망가는 게 인생입니다
내리고 놓고 비우다 보면
나에게 좋은 날이 옵니다.

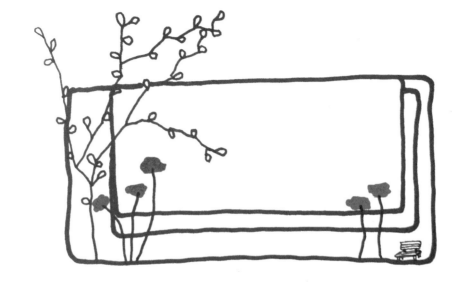

남도 귀한 사람이지만
더 소중한 사람은 바로 나입니다
나 없이 어찌 남이 있을 수 있나요
나를 보듬어 주고 항상 사랑하세요.

2.27

착한 마음을 가지고 살면
착함이 얼굴에서 드러나고
악한 마음을 가지고 살면
악함이 얼굴에서 드러납니다.

얼굴은 수만 가지의 표정을
지을 수가 있다고 하지요
그러한 표정들은 우리가 가진
마음의 작용으로 인해 일어납니다.

3·2

얼굴은 마음의 거울입니다
마음속에 든 근심과 우울,
슬픔들을 걷어내면
얼굴도 환하게 밝아집니다.

얼굴은 사람의 인격입니다
짜증이 얼굴에 가득한 사람은
돈도 빌려주지 말라는 속담이 있듯이
얼굴은 사람의 재산입니다.
웃음이 복 짓는 일입니다.

모든 일에는 밑천이 들지만
미소 짓는 일은 밑천이 들지 않습니다
아름다운 미소를 가진 사람은
애써 복을 구하지 않아도
굴러들어옵니다.

누구나 잘하는 것이 있으면
못하는 것도 있습니다
자신이 잘 할 수 있는 것을
잘 파악하는 것도 능력이지요
당신이 잘 할 수 있는 일을 하세요.

우리는 빈손으로 왔고
살면서 많은 인연을 맺습니다
죽을 때는 빈손으로 돌아갑니다
온 곳으로 되돌아가는 것
그것이 행복일 수도 있습니다
누군가가 곁을 떠났다고
너무 상심하지 마세요.

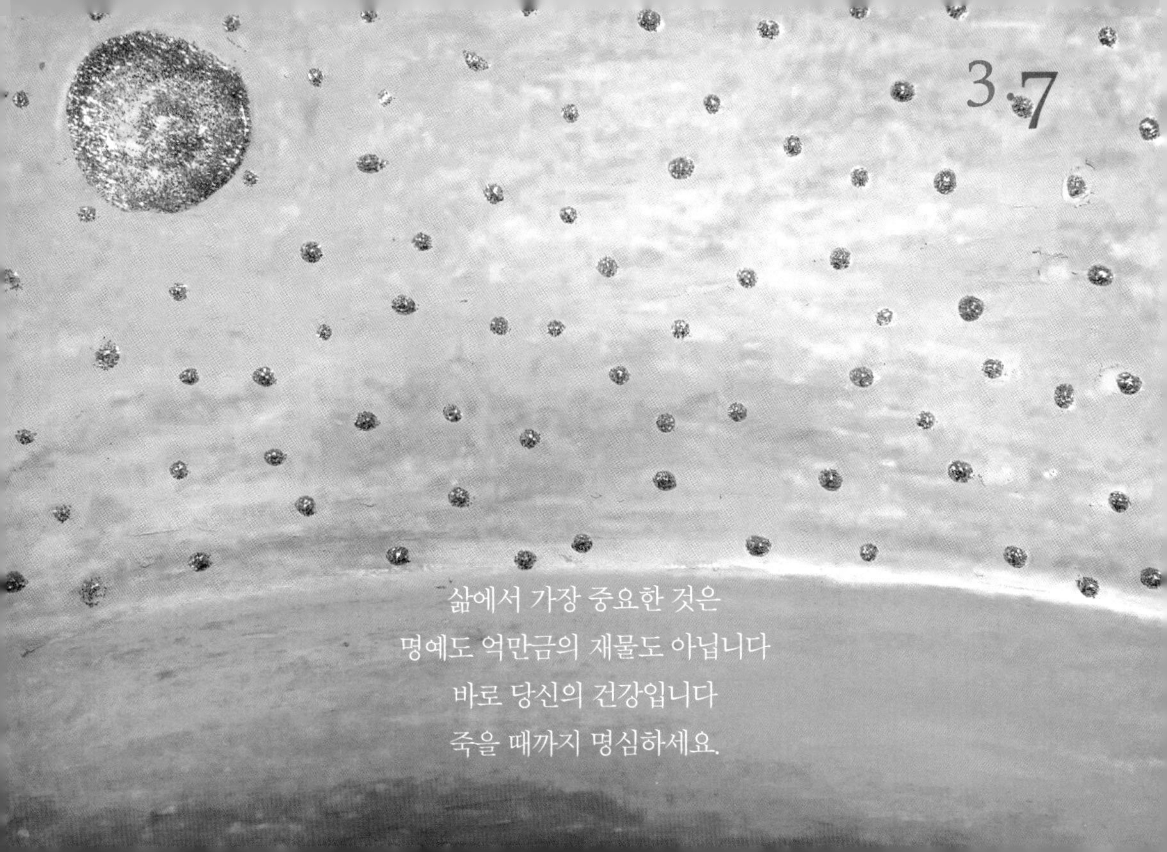

37

삶에서 가장 중요한 것은
명예도 억만금의 재물도 아닙니다
바로 당신의 건강입니다
죽을 때까지 명심하세요.

좋은 생각을 하면
좋은 일이 일어나듯이
항상 행복한 일만 생각하세요
그렇게만 한다면
당신의 인생은
이 순간부터 바뀝니다.

지금 당장 힘들다고 해서
남의 탓을 하지 마세요
부족한 것이 무엇인지 알아서
채워나가는 것이
바로 성공의 지름길입니다.

3·10

늦었다고 해서 늦은 것이 아닙니다
시작이 곧 출발입니다
나이가 많다고 좌절하지 마세요
사람에겐 늙음도 행복입니다.

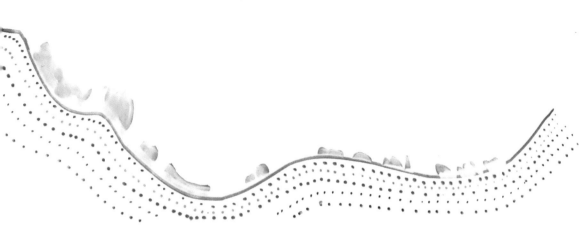

서로 주고받는 것이 사랑입니다
세상의 모든 이치가 그러합니다
그 속에 삶의 따뜻함이 자리합니다.

3·11

사람은 몸, 입, 마음으로
업을 짓습니다
몸이 짓는 업은
살생·투도·사음이며
입이 짓는 업은
망어·기어·양설·악구이며
마음이 짓는 업은
탐애·진애·치암입니다
마음수련을 통해
악업을 멀리하고
선업을 닦으세요.

주변을 둘러보세요
나무와 풀, 하늘과 땅, 꽃과 바람
지금 내 곁에 있는
가족과 이웃이 모두 부처님입니다.

3. 13

부처와 중생은
둘이 아닌 하나입니다
한 생각 차이에
부처와 중생으로 갈라집니다.

3·14

완벽한 이는 없습니다
잘하는 게 있으면 못하는 것도 있습니다
서로의 장단점을 보듬어주어야 합니다
이것이 부처님의 평등사상입니다.

3·15

과학자들의 통계를 보면
장점보다 단점이 많은 사람이
성공을 더 많이 한다고 합니다
자신의 부족함을 알고 스스로 극복하려는
강한 정신력 때문이지요
자신이 남보다 부족하다고 해서
쉽게 좌절하지 마세요.

자신의 단점과 잘못을 숨김없이 고백하고
진심으로 기도드린다면
부처님께서는 반드시 서원을 들어줍니다.

3·17

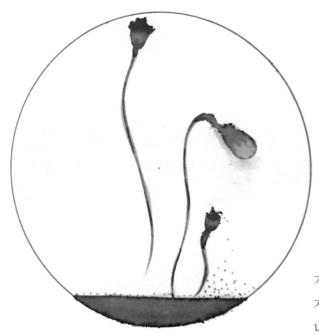

기도는 부처님께 올리는 것이 아니라
자기 자신에게 올리는 것입니다
나 자신이 바로 부처이기 때문이지요.

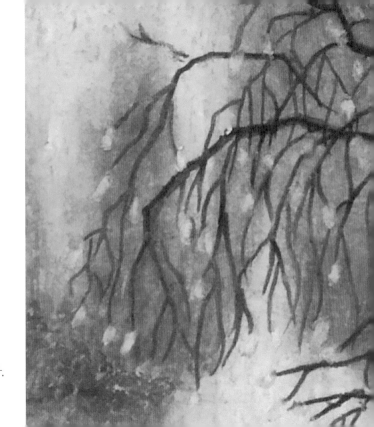

3·19

삼천 배를 하더라도
진심이 담겨 있지 않다면
아무런 소용이 없습니다
단, 일 배를 하더라도
정성이 담겨 있다면
그 공덕의 그릇은 넓고 깊습니다.

가피를 얻으려면
복을 많이 지어야 합니다
복을 짓지도 않고
복을 달라고 비는 것은
오히려 죄를 짓는 일입니다
가피에는 공짜가 없습니다.

부처님께 복을 비는 것보다
먼저 공양을 베푸는 것이
올바른 기도 방법입니다
만약, 이를 실천한다면
큰 복을 받을 것입니다.

불교의 가르침은
불법승(佛法僧) 삼보(三寶)입니다
부처님을 따르고
부처님의 법을 따르고
스님을 따르는 것이
곧 부처가 되는 길입니다.

세상에서 가장 소중한 사람은
그 누구도 아닌 나입니다
재물과 명예에 집착하다 보면
몸과 마음이 병듭니다
욕심의 그릇을 비우세요.

3·23

육신의 병은
마음의 병으로부터 생겨납니다
나를 병들게 하는
집착을 버리고 놓으세요.

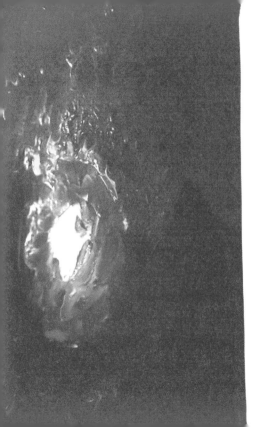

지옥과 극락은 따로 없습니다
마음이 지옥과 극락을 만듭니다
재욕, 식욕, 색욕, 명예욕, 수명욕
다섯 가지에 갇히면 지옥이고
벗어나면 극락입니다
지금 당신의 마음은
지옥입니까?
극락입니까?

당신이 지니고 있는 보배는
당신이 생각하고 있는 것보다 훨씬 많습니다
어찌 이를 모르시나요
지금부터라도 기도를 통해서
당신이 지니고 있는 보배를 찾아보세요.

자기만의 보배를 가지고 있듯
누구나 부처가 될 수 있는
불성(佛性)을 지니고 있지요
다만, 불성을 찾지 못하는 것은
탐진치 삼독에 빠져 있기 때문이지요
우리가 기도하고 수행하는 이유도
내 안에 있는 불성을 회복하기 위함입니다.

번뇌를 없앴다고 해서
깨달음을 얻은 것은 아닙니다
산과 물은 천년이 흘러도
변함없이 산과 물이듯
있는 그대로 사물을 바라보는
마음의 눈을 가져야만
깨달음을 구할 수가 있습니다.

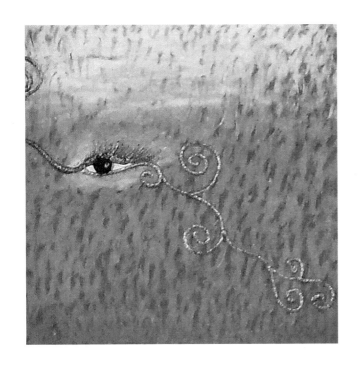

마음의 화는
누가 만든 것이 아니라
바로 자신이 만듭니다
한순간을 참지 못하고
화를 내면 중생이 되고
미소 지으면 부처가 됩니다
이렇듯 부처와 중생은
둘이 아닌 하나입니다.

당신은 간절하게 기도를 해본 적이 있습니까?
길이 있는데도 가지 않는 것은
그 누구의 잘못도 아닌 당신의 잘못입니다

당신은 쓸데없는 일로 불안하지 않습니까?
하지 않아도 될 갖가지 근심으로
스스로 마음의 병을 만들고 있는 것은 아닌지요
지금 이 순간부터 근심을 놓아버리세요
당신은 행복해집니다.

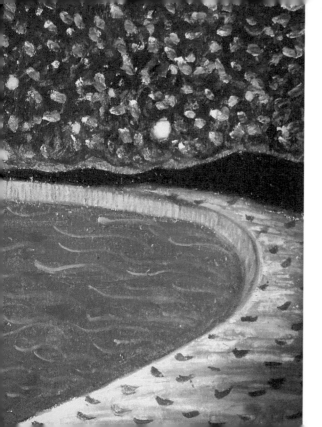

큰일을 할 사람은
하루아침에 공든 탑이
무너질 수 있기 때문에
항상 몸과 입과 마음
신구의를 잘 다스려야 합니다.

나를 버리고 놓고 비우면
마음의 고요를 얻습니다
이것이 성불로 가는 지름길입니다.

믿음은 도의 으뜸이며
공덕의 어머니입니다
믿음이 없는 기도는
일만 배를 한다고 해도
아무런 소용이 없습니다.

눈에는 보이지 않지만
부처님께서는 언제나 주위에 계십니다.
나의 기도가 진정으로 부처님에게로 향할 때
기도의 힘은 성취됩니다.

하루 세 끼 밥을 먹는 행위는
부처님께 올리는 공양입니다
왜냐하면
나 자신이 부처이기 때문에
밥을 먹는 것 또한 공양입니다.

4·5

대가를 바라지 않고 공양하는 것을
무주상보시라고 합니다
반대로 대가를 바라고 공양하는 것은
유주상보시라고 합니다
무주상보시의 공덕은
유주상보시보다 훨씬 크고 넓습니다.

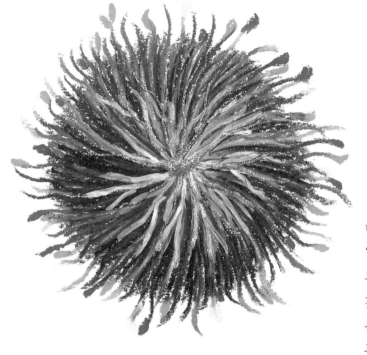

밥을 먹는 행위는
'자나 깨나 오나가나
부처님처럼 살라.'는
깊은 의미가 담겨 있습니다
음식을 먹는 건 좋은 일을 하여
부처 되기 위한 길이지요.

부처를 멀리서 찾지 마세요
부모, 남편, 아내, 자녀
이웃과 도반들이 모두 부처입니다.

4.8

입에 발린 달콤한 말은 독버섯처럼,
격려와 잘못을 지적하는 말은
향기로운 꽃처럼 받아들이세요
나도 모르게 성장하는
자신을 발견하게 됩니다.

4·10

사람은 태어날 때 입안에
도끼를 가지고 태어납니다
어리석은 사람은 나쁜 말로 인하여
자기 자신을 찍기 때문이지요.

비난받아야 할 일은 칭찬하고
칭찬받아야 할 일은 비난하는 사람은
스스로 불행을 만들기 때문에
평생 행복을 얻지 못합니다.

4·11

아이에게 진정한 용기를 주는 말은
"너는 그래서 안 돼."라고 하는 것보다
"너는 잘하고 있어. 희망이 있어."라고
격려하는 말입니다.

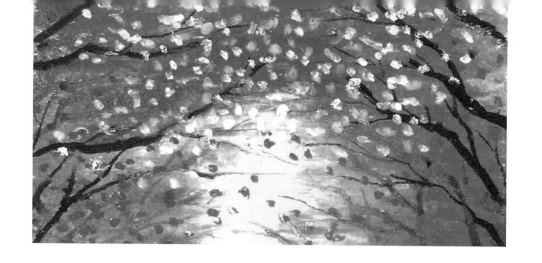

당장 내일 죽는다 해도
오늘부터 기도를 열심히 하세요
그러면 당신의 병은 나아집니다
강한 희망은 죽은 풀도 다시 피게 합니다.

4·13

4·14

남에게 희망과 용기를 주는
말을 하는 사람은
언젠가는 복을 얻게 됩니다
칭찬을 아끼지 마세요
돈이 들지 않습니다.

아무리 절박한 일이라도
마음먹기에 달려 있습니다
진실은 반드시
통하기 마련이니까요.

다들 사는 게 너무 힘들다고 합니다
따지고 보면 사는 건 별거 아닙니다
자신에게 주어진 대로 살면 됩니다
지나친 욕심으로
자신을 힘들게 하는 것은 아닐까요.

4·16

4·17

과거는 이미 지나갔고
미래는 오지 않았으며
중요한 것은 '지금 이 순간' 입니다
오늘을 열심히 살면
내일은 바로 행복입니다.

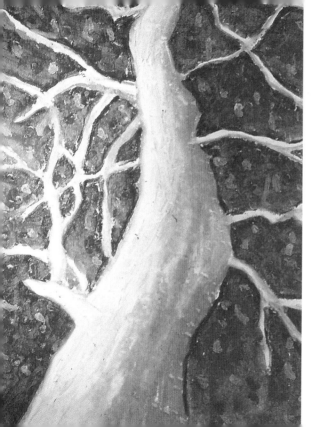

재물이 많고 명예가 높아도
불행하게 사는 이들이 있습니다
반대로 재물과 명예가 높지 않아도
행복하게 사는 이들이 있습니다
모든 건 자신의 마음에 달려 있습니다.

4·19

석가모니 부처님께서 말씀하셨지요
"부자는 마음이 행복한 사람이고 진짜 부자는
몸이 건강하고 마음이 행복한 사람이다."
많은 재물과 명예도 건강을 잃으면
아무런 소용이 없습니다.

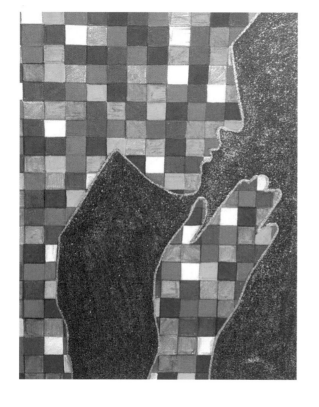

놋그릇도 세월이 변하면 녹슬듯이
사람의 몸도 오래 사용하면
당연히 병들기 마련입니다
그릇도 녹슬면 닦아야 하듯이
몸과 마음도 닦아야 합니다
그게 바로 기도와 운동입니다.

우리 몸은 부모님의 사랑으로
태어난 업의 존재이기 때문에
몸이 건강해지려면
업으로 쌓인 마음의 때를
지극한 기도로 씻어내야 합니다.

남보다 잘살려는 욕심 때문에
번뇌가 생깁니다
재욕, 식욕, 색욕, 명예욕, 수명욕 중
한 가지만 덜어내어도
몸과 마음은 훨씬 건강해집니다
조금 손해 본다는 마음으로 사세요.

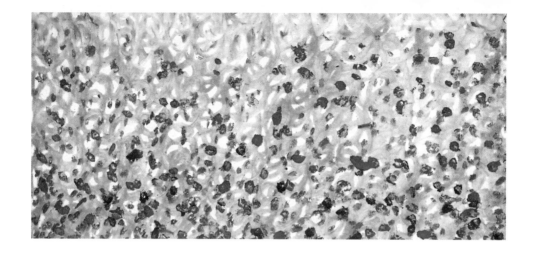

기도에는 방법이 없습니다
앉은자리에서 참선하든,
경을 읽든, 잠을 자든, 춤을 추든
자신의 마음을 다스리는 게
참된 기도이며 수행입니다.

4.23

공덕은 하루아침에 쌓이지 않습니다
극락 가고 싶으면 극락 가는 연습을
평소부터 해야 합니다
그 연습이 복 짓는 일입니다.

4·24

몸에 병이 찾아왔을 때
의사가 병을 고치는 게 아니라
내 자신이 병을 고친다는
마음을 가져야 합니다
그래야 병이 낫습니다
의사는 그저 내 병을 관찰하고
치료하는 사람일 뿐입니다.

복을 짓는 데
많은 돈이 드는 줄 알지만
그렇지 않습니다
나를 낮추고 항상 웃는 얼굴로
남을 대하고 존중하면 됩니다.

4.26

돈은 있을 때 저축하고
몸은 건강할 때 잘 관리해야 하듯
복을 많이 받으려면
복을 많이 저축해두어야 합니다
평소엔 복을 짓지 않으면서 위급할 때
복을 달라고 해도 그땐 소용이 없습니다.

4·27

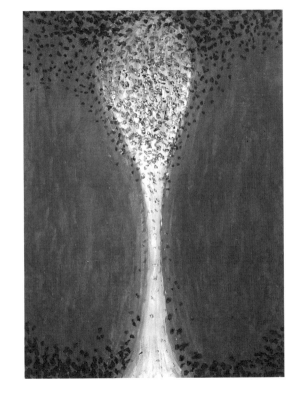

기도의 결실은
당장 드러나지 않습니다
밭에다가 씨를 뿌리면
때가 되어야 열매가 맺히듯이
공덕의 결과도 때가 있습니다.

평소엔 복을 짓지 않으면서
복을 구하는 행위는
입을 벌리고 하늘에서 떨어지는
감을 받아 먹으려고
기다리는 것과 같습니다.

부처님께 기도할 때는
애절한 마음, 진정한 마음
계산하지 않는 마음으로 해야 합니다
간절하면 반드시 이루어집니다.

4·30

기도할 때는 사욕을 버리고
몸과 마음을 청정히 해야 합니다
그릇도 비워야 채울 수 있듯이
욕심이 가득한 마음으로 기도하면
복을 채울 공간이 없습니다.

5·1

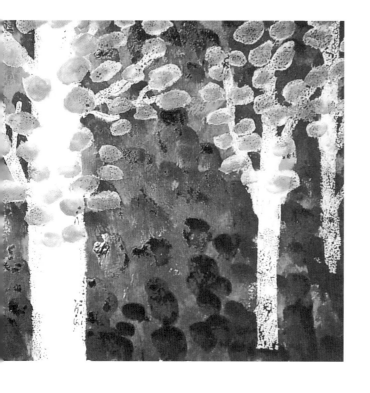

재물이 많은 부자가 되려면
먼저 마음부자가 되어야 합니다.

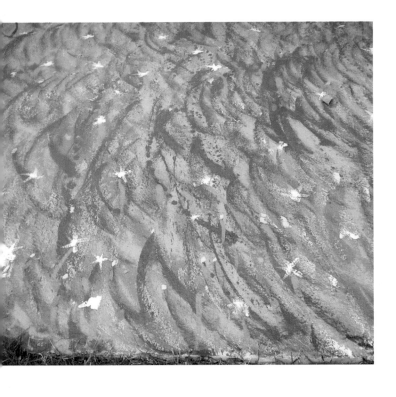

자녀교육의 핵심은
남을 존중하고
감사하는 마음입니다
이것이 훌륭한 사람이 되는
지름길입니다.

부모는 아이들의 거울입니다
부모의 거울에 때가 묻으면
아이들의 마음에도 때가 묻습니다.

교육은 백년지대계라고 했듯
자녀교육은 멀리 보아야 합니다
낱알처럼 쌓이는 게 착한 성품이지요
베푸는 삶을 모르는 아이에겐
행복을 기대할 수 없고
남을 도울 줄 모르는 아이에겐
훌륭한 삶을 기대할 수 없습니다.

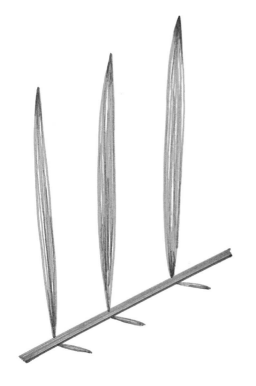

일등만 강조하지 마세요
공부보다 더욱 중요한 것은
아이의 성품입니다.

인생은 늙으면 다 똑같아집니다
미인도 늙으면 주름살이 가득해지고
아무리 돈이 많고 명예가 높아도
모두 빈 손으로 돌아갑니다.

5.7

벼룩은 자신의 몸보다 수백 배 도약하지만
병속에 가둬두었다가 뚜껑을 열면 뛰지를 못합니다
인간도 자유롭게 더 멀리 나아갈 수 있음에도
자신이 만든 번뇌로 인해
부처가 되기를 스스로 포기합니다.

병을 만드는 것도 자신이요
병을 낫게 하는 것도 자신입니다
자신이 지은 업의 매듭은
반드시 자신의 손으로 풀어야 합니다.

5·9

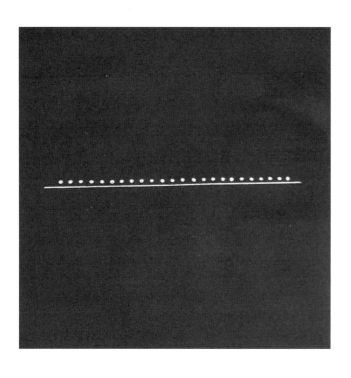

우리는 늘 불타는
집속에서 살고 있습니다
그래서 부처님께서는
우리가 사는 세상을
'삼계화택'이라고 했지요
당신은 이곳에서
어떤 삶을 살고 싶은가요.

아무리 운전을 잘한다고 해도
사고를 예측할 수 없듯이
지금 우리는
예측 불가능의 시대에 살고 있습니다

5·11

부처님 오신 날은 따로 없습니다
내가 부처이므로
내가 태어난 날이
바로 부처님 오신 날입니다.

5·12

아인슈타인이 말했지요
"성공이 행복의 열쇠가 아니라
행복이 바로 성공의 열쇠이다."
현재 당신이 추구하는 것은
성공입니까? 행복입니까?

내가 행복한 이보다
남을 행복하게 해주는 이가
더 큰 행복을 느낍니다.

5·14

행복의 주체도 나이고
불행을 만드는 주체도 나입니다
삶이라는 재료를 가지고
어떻게 요리를 하느냐에 따라
나의 행복도 결정됩니다.

행복은 큰 그릇에 담겨 있는 것이 아니라
만족이라는 작은 그릇에 담겨 있습니다
이것을 소욕지족이라고 하지요
오늘부터 작은 그릇에
행복을 차근차근 담아보세요.

5·16

5·17

부뚜막 소금도 집어넣어야 짭니다
생각에만 그치지 말고
자신이 하고 싶은 일을
실천하는 게 중요합니다
미루다 보면 때가 늦습니다.

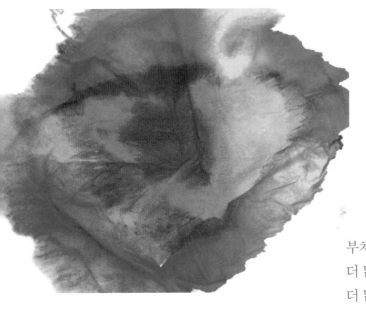

부처님, 더 많이 비우고
더 많이 내려놓고
더 많이 버리게 하소서
그리하여 저를 극락으로 인도하소서.

5·19

잠시 스쳐간 옷깃의 인연도
예사롭지 않습니다
저를 성불의 길로 인도하소서.

인연은 하늘이 주는 것이고
행복은 마음이 주는 것입니다
부처님, 당신의 옷깃이
저를 극락으로 이끕니다.

5.20

어떤 인생을 사는가에 따라
팔자는 순간순간 바뀝니다
지금의 나에 안주하지 마세요
변화의 시작은 작아도
점점 바뀌어서 결국 나의 팔자가 바뀝니다.

불교에는 4대 큰 명절이 있습니다
부처님이 탄생하신 부처님오신 날(음력 4월 8일),
부처님이 출가하신 출가재일 (음력 2월 8일),
부처님이 성불하신 성도재일(음력 12월 8일),
부처님이 열반에 드신 열반재일(음력 2월 15일)입니다
불자라면 꼭 기억해주세요.

5·22

5·23

내가 진실한 마음을 내면
남도 진실한 마음을 냅니다
그것이 서로에 대한 믿음입니다.

마음에도 눈이 있습니다
마음의 눈에 때가 끼면
제대로 세상을 보지 못합니다
그러니 참선을 통해서
마음의 눈에 낀 때를 씻으세요.

일체중생은 모두 평등하기에
누가 누구를 용서한다는 말은
필요하지 않습니다
용서보다 더 중요한 건
잘못한 사람의 참회입니다.

잘못을 했을 때
나에게 용서를 비는 것이
더 중요합니다
아무리 남이 용서한들
스스로 참회하지 않는다면
그건 진정한 용서가 아닙니다.

즉심시불(即心是佛)은
'마음이 곧 부처'라는 말입니다
이를 알면 세상은 평화로워질 것이고
이를 모르면 괴로움만 쌓입니다
이와 같이 마음의 눈을 뜨게 되면
'산은 산이고 물은 물'임을 알게 됩니다
있는 그대로가 곧 부처입니다.

우리 모두 행복해지려면
나도 위하고 남도 위하는
자리이타(自利利他)를 실천해야 합니다
세상이 어둠 속으로 깊이 빠지는 건
자신의 이익만을 추구하는 이기심 탓입니다
그런 사람은 인과가 좋지 않습니다.

바다는 눈으로 보면
그 밑을 잘 알 수가 없지만
끊임없는 소용돌이가 일어나고 있습니다
이처럼 모든 중생들은 사라지지 않는
불성을 지니고 있는데
이것을 상주불멸이라고 합니다.

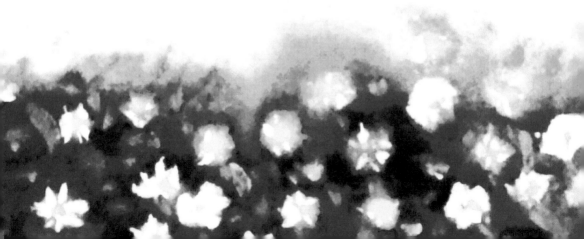

우리는 오고가는 곳을 모르기 때문에
태어나지 않고 사라지지 않는다고 해서
불생불멸이라고 합니다
태어나지도 않았고 멸하지도 않은 까닭에
생사는 둘이 아니라 오직 하나입니다.

5.30

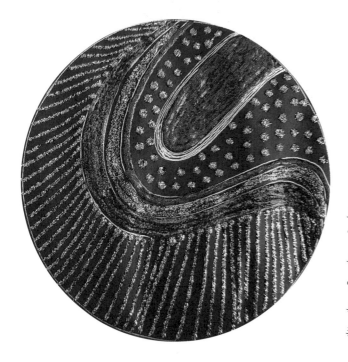

요즘 유행하는 말이
'금수저·흙수저'입니다
운명은 정해진 게 아니라
언제든지 바뀔 수가 있습니다
운명을 바꾸기 위해 노력하다 보면
큰 복을 받을 수가 있습니다.

새도 날고 싶으면
날개를 펴야 합니다
꽃도 꽃을 피우기 위해선
비와 햇빛을 맞아야 합니다
서원을 이루려면
지극하게 기도해야 합니다.

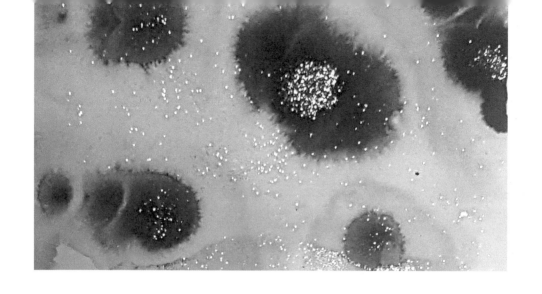

태양은 늘 우리 곁을 돌고 있습니다
그림자를 바꾸어놓는 사람은 누구일까요?
그 누구도 아닌 바로 나 자신입니다.

6.2

좋은 약은 몸에 쓰다고 합니다
좋은 말만 하는 것도 능사가 아닙니다
잘못된 것도 따끔하게 지적해줘야 합니다
그래야 힘든 일도 이겨낼 수 있어요.

공부가 인생의 전부가 아니지요
좋은 대학을 가지 않아도
얼마든지 행복하게 살 수 있어요
중요한 것은 내가 좋아하는 것을 해야 해요.

6.4

기도할 때는 반드시 서원을 세우고 하세요
불보살님은 서원 없는 꿈은 들어주지 않아요
그래야만 당신의 간절함이 전달되지요
성취감이 곧 즐거움이고 행복입니다.

산중에서 홀로 수행하다 보면
바람과 꽃과 물소리
산짐승들도 모두 친구입니다
이 세상 부처 아닌 게 하나도 없습니다.

다람쥐를 살려주었더니
산사로 매일 찾아옵니다
한갓 짐승도 은혜를 아는데
이 세상은 너무 각박합니다
당신은 그렇지 않은가요
자비를 베푸세요.

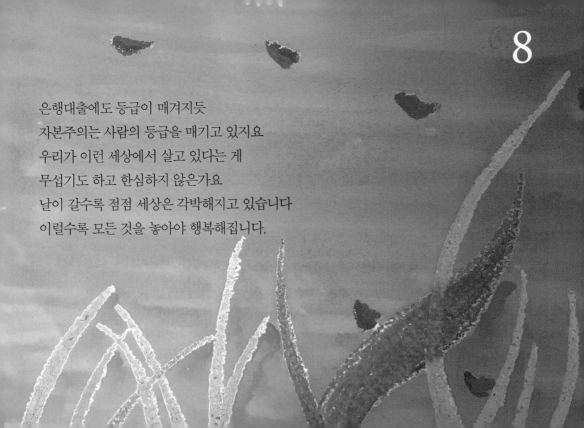

은행대출에도 등급이 매겨지듯
자본주의는 사람의 등급을 매기고 있지요
우리가 이런 세상에서 살고 있다는 게
무섭기도 하고 한심하지 않은가요
날이 갈수록 점점 세상은 각박해지고 있습니다
이럴수록 모든 것을 놓아야 행복해집니다.

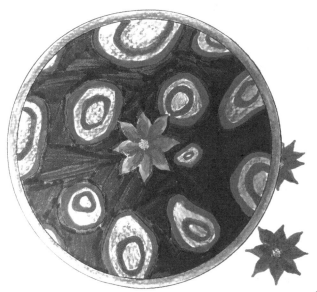

한 할머니가 새벽법당에서
눈물을 흘리며
기도하고 있었습니다
법당의 촛불이 흔들렸습니다
무엇이 그토록 그 분을
간절하게 했을까요?

아침마다 108 배를 해보세요
건강도 정말 좋아지고
하심으로 인해
마음도 넉넉해집니다
돈 주고 하는 운동보다
일백 배 더 좋습니다.

사람과의 첫 인연을 맺을 때에는
합리적인 사고를 해야 합니다
그렇다고 너무 이기적일 필요는 없습니다.

6.11

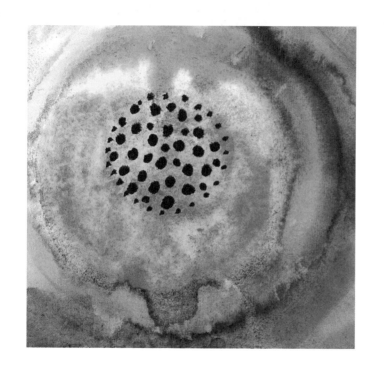

불교는 믿음의 종교이며
지혜를 구하는 종교입니다
믿음이 없는 사람에겐
좋은 인연도 생기지 않고
지혜도 얻을 수 없습니다
자신의 기도를 믿고
부처님께 다가가세요.

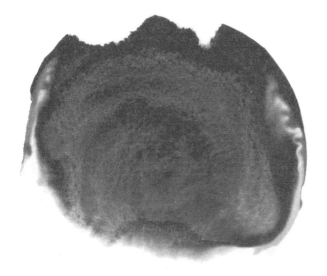

세상에서 가장 중요한 건 신뢰입니다
내가 지금 손해 본다고 해서
신의를 저버린다면
그것만큼 어리석은 일은 없습니다
부처님과의 약속은 반드시 지키세요.

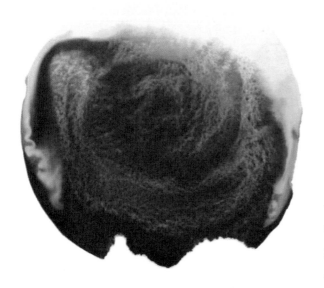

부처님의 가피는 눈에 보이지 않지만
이미 당신은 가피를 받고 있습니다
지금 이 순간 건강하게 살아서
숨 쉬고 있는 것입니다.

나를 만나는 너
너를 만나는 나
너와 나는 부처님입니다
우리 모두가
행복하기를 기도합니다.

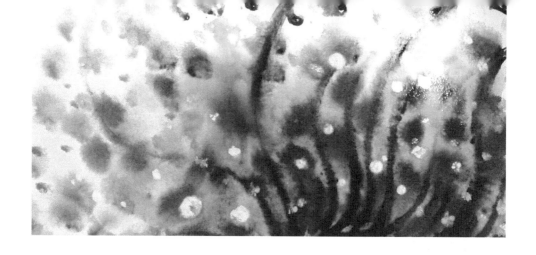

산도 정상에 다가갈수록
경사가 심하고 힘들지요
세상을 살다보면 힘들 때가 있습니다
이 길만 지나면 평탄한 길이 나올 거야
마지막 고비라고 생각하세요.

6.16

6.17

십우도는 어린 동자가
소[마음]를 찾는 것에 비유해
열 가지 그림으로 묘사한 것인데
이에 대한 의미만 알고 있어도
불교의 진리를 알 수 있어요.

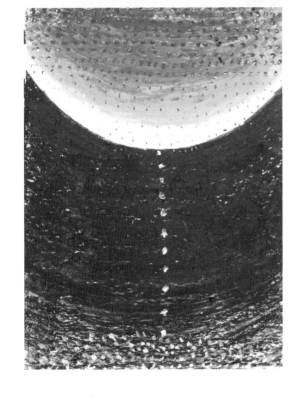

심우(尋牛)는 동자가
소를 찾고 있는 장면입니다
자신의 본성을 찾는 것으로서
불도 수행의 입문을 가리킵니다.

견적(見跡)은 동자가
소의 발자국을 발견한 뒤
뒤를 따라가는 그림이지요.
수행자가 공부를 하면서
부처의 발자취를 느끼기
시작한다는 뜻이 담겨 있지요.

견우(見牛)는 동자가
소의 뒷모습이나 소의 꼬리를
발견하는 그림입니다
수행자가 사물의 본성을
보기 시작하면 견성(見性)에
가까워졌음을 뜻하지요.

득우(得牛)는 동자가
소의 꼬리를 잡아
막 고삐를 건 모습입니다
수행자가 마음의 불성(佛性)을
꿰뚫어보는 단계로서
본성은 찾았지만
아직 번뇌가
완전히 소멸되지 않았으므로
더욱 열심히 수련해야 함을
비유한 그림입니다.

목우(牧牛)는 동자가 소에
코뚜레를 뚫어 끌고 가는 그림으로
자신이 지닌 본성을
고행과 수행으로 길들여서
탐진치 삼독의 때를 지우고
소도 점점 흰색으로
변화하는 단계입니다
즉 깨달음 뒤에 오는 방심을
조심해야 함을 비유합니다.

기우귀가(騎牛歸家)는 흰 소에 올라탄 동자가
피리를 불며 집으로 돌아오고 있는 그림이지요
아무런 장애가 없는 자유로운 무애의 단계로서
망상에서 벗어나 본성에 들었음을 비유합니다.

6.23

망우존인(忘牛存人)은
소는 없고 동자만 있습니다
단지 소는 방편일 뿐
고향에 돌아온 후에는
모든 걸 잊음을 뜻합니다.

본각무위(本覺無爲)는
동자가 집으로 돌아왔으나
쉬지 않고 수련해야 함을
비유합니다.

6.25

인우구망(人牛俱忘)은 소도 사람도
실체 없는 공(空)임을 깨닫는다는 뜻으로
텅 빈 원(圓) 상만 그려져 있습니다
정(情)을 잊고 세상의 물(物)을 버려
공(空)에 이르렀음을 비유합니다.

'반본환원(返本還源)'은
강이 잔잔하고 꽃은 붉게 피어 있는
산수풍경만 나타냅니다
'있는 그대로의 세계를 깨닫는다.'는 것으로
우주를 아무런 번뇌 없이
참된 경지로서 바라봄을 뜻합니다
동자가 지혜를 증득했음을 드러냅니다.

입전수수(入廛垂手)는
지팡이에 도포를 두른 행각승이
육도의 길로 들어가서
중생을 제도하는 그림입니다
부처의 경지인
'이타행(利他行)'을 나타냅니다.

부처는 다른 게 아닙니다
아무런 번뇌 없이 청청한 본성을 증득하여
산은 산대로 물은 물대로 보는
참된 지혜를 증득하는 이를 가리킵니다.

6.29

부처님의 인과법은 무서우리만치 정확합니다
선한 일을 하면 선의 과보를 받고
악한 일을 하면 악의 과보를 받습니다
'선인선과 악인악과'입니다.

부처님께서는
'삼불능(三不能)'을 말씀하셨습니다
첫째, 인연 없는 중생은 제도할 수 없다
둘째, 중생이 지은 업을 대신 면해주기 어렵다
셋째, 자신이 지은 업은 자신이 받아야 한다
이렇듯 자신이 지은 업장은
반드시 자신이 소멸해야 합니다.

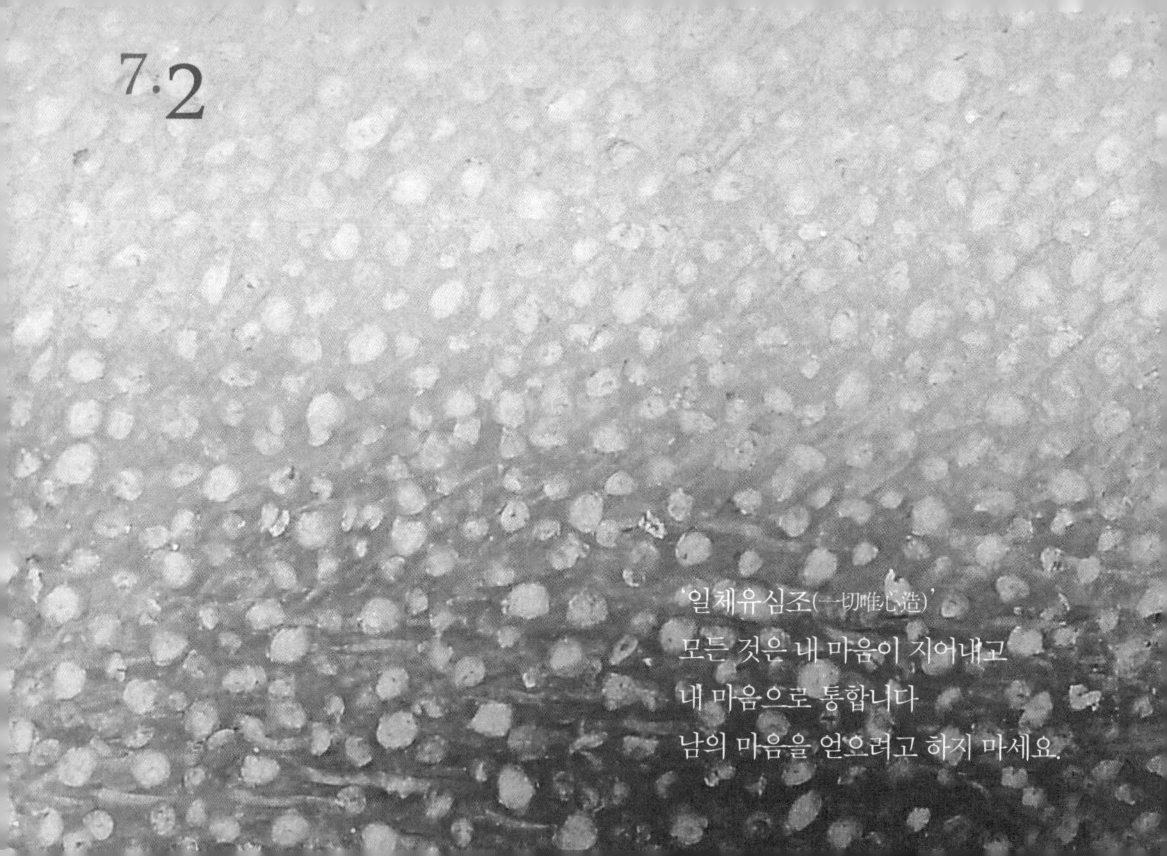

7.2

'일체유심조(一切唯心造)'
모든 것은 내 마음이 지어내고
내 마음으로 통합니다
남의 마음을 얻으려고 하지 마세요.

당신은 마음 먹으면
어떤 일도 이루어낼 수 있는
지혜를 가지고 있습니다
하지만 마음을 잘못 쓰면
한순간에 나락으로 떨어집니다.

사랑과 증오도
마음이 만들어낸 것입니다
내 마음을 잘 다스리면
사랑과 증오도
행복으로 돌릴 수 있습니다.

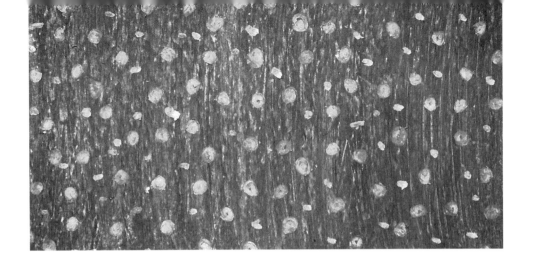

세상에는 영원한 것도 없고
고정된 실체도 없습니다
태어나면 반드시 죽고,
만나면 헤어지는 게 삶입니다.

7.5

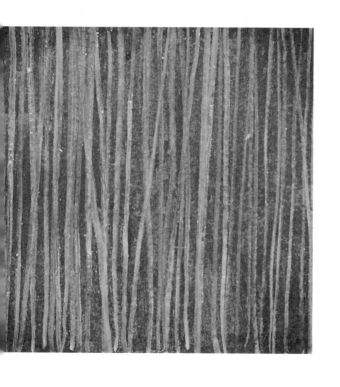

열반이란 노여움의 불길, 탐욕의 불길,
어리석음의 불길을 모두 꺼서
한 톨의 불씨도 남지 않은 상태,
고요하고 평온한 세계를 가리킵니다.

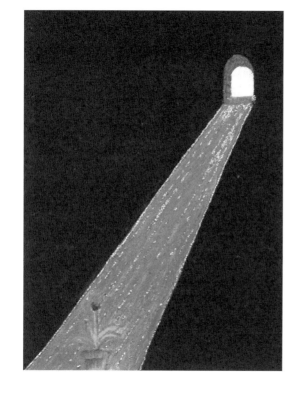

육바라밀은 보살이 성불로 가기 위해
실천하는 여섯 가지 자리이타행이지요
보시, 지계, 인욕, 선정, 정진, 지혜입니다.

보시바라밀은 중생에게
대가를 바라지 않는 마음으로
베푸는 실천덕목입니다.

7.8

지계바라밀은 불자로서의
바른 몸과 청정한 마음가짐을
갖기 위한 실천덕목입니다.

인욕바라밀은 수행에서 찾아오는
역경과 고통, 모든 장애를
이겨내기 위한 실천덕목입니다.

정진바라밀은 수행자가
항상 마음을 고요하게 유지하여
몸을 평온한 상태로 하여
수행하기 위한 실천덕목입니다.

정진바라밀은
부처님의 말씀과 방편에 따라
수행하고 노력하기 위한 실천덕목입니다.

7·12

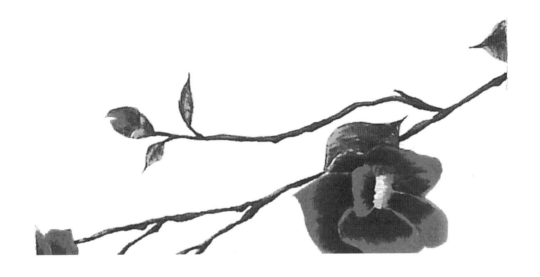

지혜바라밀은 보살이
보시, 지계, 인욕, 선정, 정진을 실천하여
최종의 단계에 증득되는 반야를 뜻합니다.

7·13

"무너진 탑에는 흙을 바를 수 없다"고 했듯이
탑을 세울 때는 기초부터 단단해야 합니다
공부하는 사람도 처음부터
올바른 길로 가야 합니다.

7·14

말이 많고 생각이 많으면
될 것도 아니 됩니다
말과 생각을 줄이면
안 될 것도 쉽게 됩니다.

어떤 일을 앞에다 두고서
오래 생각하다보면
오히려 좋지 못한 일이 생깁니다
말과 생각을 놓아버리는 그 자리가
곧 부처 자리입니다
집착을 놓아버리세요.

스님과 같은 수행자의 길은
'상구보리 하화중생(上求菩提 下化衆生)'
위로는 보리를 구하고
아래로는 중생을 제도하는 데에 있습니다.

7.17

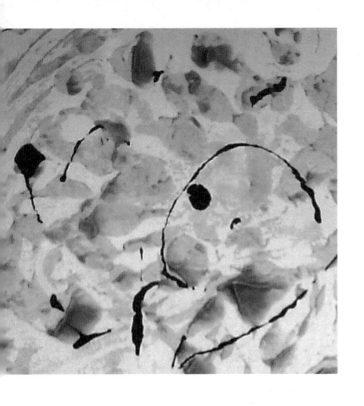

몸속에 탐욕과 성냄을 없애고
부처님과 같은 자비심을 가지고
항상 남을 대하면
세상은 청정한 불국토가 됩니다.

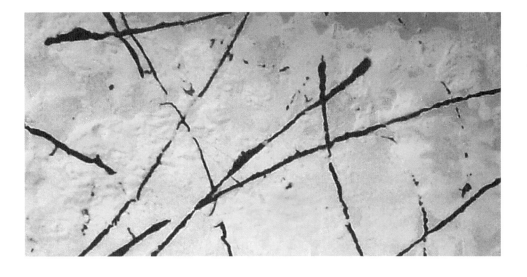

'이 세상에서 내가 제일 행복한 사람이다.'
마음의 끈을 놓지 않고 산다면
당신에게 날마다 좋은 일이
틀림없이 생길 것입니다.

7·19

성공은 운과 노력이 따라야 합니다
운도 노력하지 않은 사람은 오지 않지요
서원도 열심히 기도하지 않으면
이루어지지 않습니다
당신은 서원을 위해
얼마나 기도를 하셨나요.

7·20

기도는 자신감을 가지게 하고
불보살이 도와주실 것이라는
강한 믿음을 갖게 합니다
이것이 나중에 가피로 나타납니다.

7·21

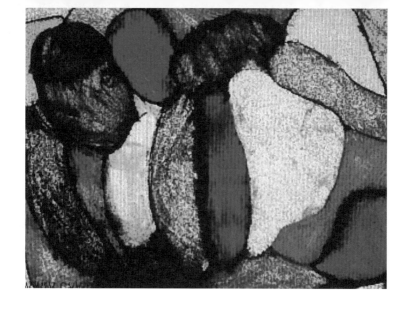

좋은 생각을 하면 복이 찾아옵니다
나쁜 생각을 하면 나쁜 일이 찾아옵니다
당신을 위해 항상 좋은 생각만을 하세요.

7·22

함께 사는 세상에는 너와 내가 따로 없습니다
너의 즐거움이 곧 나의 즐거움이고
네가 겪고 있는 아픔이 나의 아픔입니다
기쁨과 슬픔을 함께 나누며 살다보면
더불어 행복해진다는 부처님의 가르침입니다.

마음거울에 티끌이 생기면
얼굴에 티끌이 생깁니다
마음거울이 깨끗하면
얼굴에도 항상 미소가 돕니다
언제나 마음거울을 닦으세요

길은 언제나 열려 있습니다
길이 있는데도 그 길을 가지 않는 것은
누구도 아닌 오직 자신의 탓입니다

7·25

남을 도울 때는 대가를 바라지 않는
마음으로 해야 합니다
그래야 도움을 받은 사람에게서
진실한 마음을 얻을 수가 있고
신임을 얻을 수가 있습니다
그런 이가 덕을 가진 큰 사람입니다.

이 세상에 부처 아닌 것이 없습니다
풀과 나무, 작은 벌레, 벗과 이웃,
심지어 미물까지도 모두 부처입니다
그 모두를 사랑하면
행복은 저절로 찾아옵니다.

대인은 나무를 보지 않고 숲을 봅니다
소인은 숲을 보지 않고 나무만 봅니다
티끌만 한 일 때문에 다투는 사람들은
소인배에 지나지 않습니다
성공하려면 눈앞의 물거품을 보지 말고
먼 바다로 나갈 원대한 꿈을 품어야 합니다.

부처님의 인과법에 보면,
과거의 나를 보려면
현재의 나를 보고
미래의 나를 보려면
현재의 나를 보면 된다고 합니다
지금 당신은 무엇을 하고 있나요?

여기 두 개의 막대기가
서로 의지하면서 서 있습니다
한쪽을 치우면 다른 한쪽도 함께 쓰러집니다
이처럼 인과는 서로 맞물려 있습니다.

7.30

산사에 가서 등불을 밝히는 것은
그리 중요하지 않습니다
내 마음의 심지에
항상 지혜의 등불이
타고 있는가가 더 중요합니다.

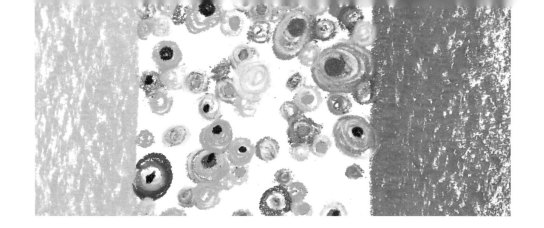

8.1

밥은 생명을 이어주는 식(食)입니다.
밥에 대한 지나친 욕심 때문에
존재감을 잃어버리는 이가 많습니다.
밥 많이 먹어봐야
배 터지는 일밖에 더 있겠습니까?
욕심이 크면 훗날 사달이 납니다.

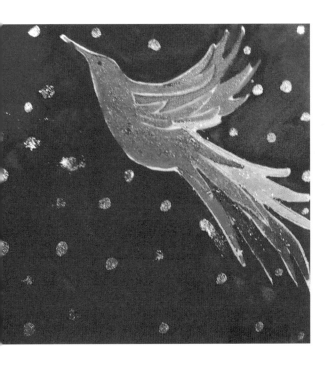

불교의 가르침은 자비와 용서입니다
살다 보면 이해관계에 얽혀
자신도 모르게 남을 미워하게 됩니다
지나치면 자신에게 화가 되돌아옵니다.

남을 미워하는 이가, 남에게 원한을 가진 이가
어찌 불교의 가르침을 이해할 수 있겠습니까?
고요한 마음을 유지하는 이가
부처님의 제자가 될 수 있습니다

8.3

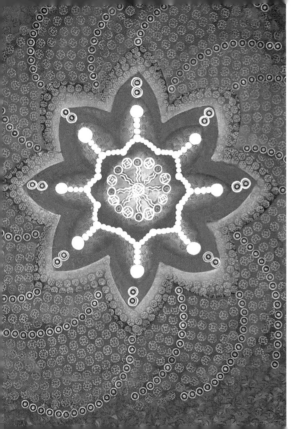

일주문에는 다음과 같은 글이 있습니다
'입차문래 막존지해(入此門來 莫存知解)'
'이 문으로 들어올 때는 알음알이를 버려라.'
절로 들어올 때는 모든 것을 버리고
가장 청정한 마음으로 오라는 것입니다
지식과 학문을 똥 싸듯이 모조리 비워보세요
그 순간 내 마음이 후련해집니다.

욕망, 성냄, 어리석음을 두고
탐진치(貪瞋癡)삼독(三毒)이라 합니다
행복해지고 싶나요
삼독을 버리면 행복해집니다.

몸은 전기와 기름을 주는 기계와 같아서
오장육부를 움직이려면 음식이 필요합니다.
몸에 맞지 않는 음식이
뱃 속에 들어가면 요란법석을 떨듯이
자기 몸에 맞지 않는 과한 욕심은 버리세요.

당신은 왜 밥을 먹고 있습니까?
살기 위해 먹습니까?
죽지 않기 위해 먹습니까?

우리 몸에는 여섯 도둑놈이 있습니다
좋은 것만 보려는 눈이라는 도둑놈,
좋은 말만 들으려는 귀라는 도둑놈,
좋은 냄새만 맡으려는 코라는 도둑놈
좋은 음식만 먹으려는 입이라는 도둑놈,
좋은 쾌감만 얻으려는 몸이라는 도둑놈
좋은 명예와 권력에만 집착하는
생각이라는 도둑놈
이로 인해 인간은 108번뇌가 생깁니다.

존재하는 한 번뇌는 끝없이 작용합니다
번뇌는 육근이 원인이 되어 생기지요
육근을 조종하는 마음을 다스리면
건강한 삶을 유지할 수 있습니다.

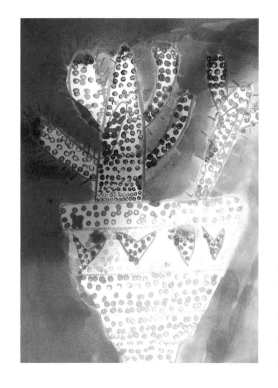

부처님께서 말씀하셨습니다
"복은 얻는 게 아니라 지어야만 얻는다.
짓지도 않고 복을 얻으려는 것은 도둑놈과 같다."
매일 한 가지씩 복을 지으면
언젠가 만 가지 복이 들어옵니다.

복을 구하는 것은 어렵지 않습니다
부처님의 삶을 닮으면 됩니다
어려운 이가 있으면 베풀고
아픈 이가 있으면 같이 아파하고
즐거운 이가 있으면 함께 즐거워하면 됩니다.

재산을 쌓는 일곱 가지 방법
첫째, 믿음의 재산을 쌓는 삶
둘째, 계율의 재산을 쌓는 삶
셋째, 타인들로부터 공경의 재산을 쌓는 삶
넷째, 용서의 재산을 쌓는 삶
다섯째, 불법(佛法)의 재산을 쌓는 삶
여섯째, 베품의 재산을 쌓는 삶
일곱째, 지혜의 재산을 쌓는 삶입니다.

항상 나를 되돌아보고 점검하세요
작은 이익을 위해 굽히지 않는
곧은 마음인 직심(直心)을 가지세요
이것이 문수보살의 마음입니다.

8.13

돌다리도 두드려보고 건너듯
매사에 조심스럽게 행동하세요
깊은 마음인 심심(深心)을 가지세요
이것이 관세음보살의 마음입니다.

양심에 부끄러움이 없는 생활을 통해
타인들로부터 공경 받는 인격을 갖추세요
그러려면 항상 몸과 입, 생각으로 짓는
신구의를 청정하게 하여 향기롭게 살아야 합니다.

나에게 참다운 법을 많이 배우세요
지혜로운 이는 고통과 즐거움을 느끼더라도
그것에 매달리거나 집착하지 않습니다
이것이 진정한 주인으로 살아가는 방법입니다.

8.16

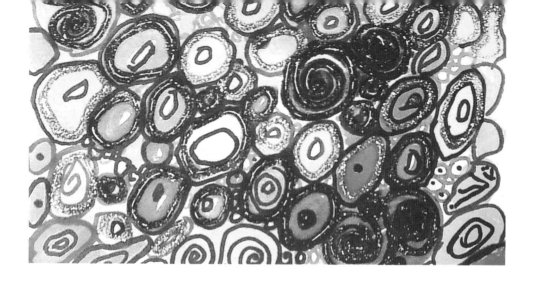

당신이 괴로움을 겪게 되는 이유는
악행의 원인을 스스로 만들기 때문입니다
될 수 있으면 잘못을 나에게로 돌리세요
마음이 평화로워지고 고요해집니다.

8.17

지혜는 깊은 사유 속에서 생겨나듯
부처님의 가르침에 귀 기울이고
내 것으로 만드세요
그 순간부터 지혜가 생겨납니다.

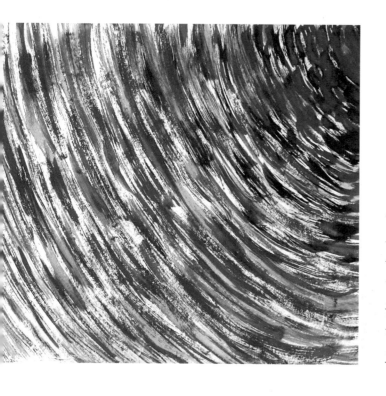

세상에는 흐르는 물과
고인 물이 있지요
물이 흐르면
항상 맑고 새로워지지만
늪 속의 고인 물은 썩어갑니다
당신은 흐르는 강물입니까?
고인 물입니까?

흐르는 물은 시내와 강을 거쳐
먼 바다로 나가지만
고인 물은 갇혀 안에서 썩습니다
자유와 감옥은 자기 자신이
만드는 것은 아닐까요.

"깊은 물은 소리가 나지 않고
얕은 물은 소리가 나듯이
지혜로운 이는 조용하며
편안함과 즐거움이 있지만
어리석은 사람은 불안하고 변덕스럽다."

《유교경》

족함을 아는 이는
자신이 앉은 그 자리가
즐겁고 안온하지만
족함을 알지 못하는 이는
극락에 있어도
제 마음을 충족시키지 못한다
족함을 아는 이는
족함을 알지 못하는
이를 가엾게 여긴다.
《유교경》

소승불교에서는 마음을 다섯 가지로 들여다보는
오정심관(伍停心觀)법 참선수행을 했습니다
부정관(不淨觀) · 자비관(慈悲觀) · 인연관(因緣觀)
수식관(數息觀) · 계분별관(界分別觀)입니다.

8.23

오정심관의 참선수행 중 부정관(不淨觀)은
우리 몸은 지수화풍 사대(四大)로 이루어져 있으며
육신이 죽으면 썩어 문드러져 더럽고 추한 모습임을
관함으로써 육체에 대한 탐욕을 제거하는 관법(灌法)입니다
미인을 보면 음욕을 버리는 방법도 이와 같지요.

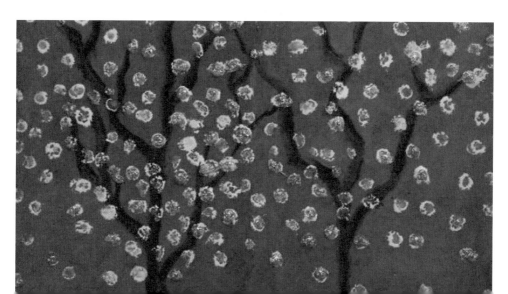

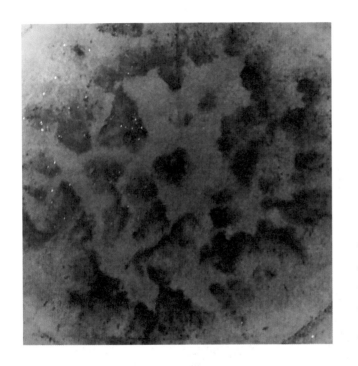

오정심관의 참선수행 중
자비관(慈悲觀)은
중생의 고통스런 삶을 관찰하여
타인에게 무한한 자비심을 내어
분노심을 제거하는 관법입니다.

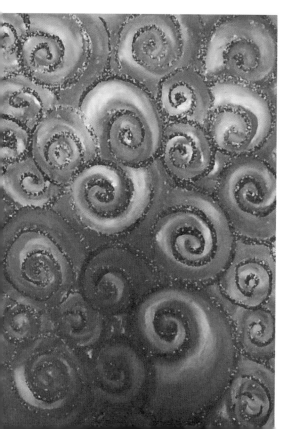

오정심관의 참선수행 중 인연관(因緣觀)은
삼라만상 모두가 인연생멸(因緣生滅)하며
서로 의존관계에 있다는 관법입니다
이 관법은 인간이 가진 욕심과 성냄을
부질없는것으로 보고 치심(癡心)을 제거합니다.

오정심관의 참선수행 중 수식관(數息觀)은
번뇌, 망상이 일어남을 막고
마음을 안정시키기 위해
들숨과 날숨을 세면서 호흡에 집중하는 관법입니다
이 수행은 초심 수행자에게 많이 권장하고 있습니다.

8.27

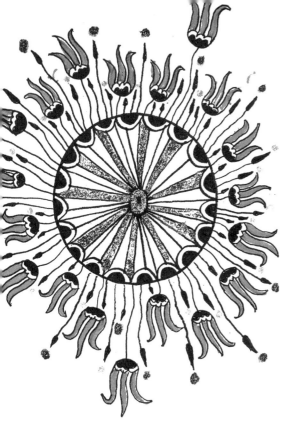

오정심관의 참선수행 중 계분별관(界分別觀)은
인간과 세계를 성질별로 분류하여 관찰해
존재를 구성하는 사대인 지수화풍(地水火風)과
육근(六根)인 안이비설신의(眼耳鼻舌身意)
어디에도 참된 것이 없어 일체가 무상하여
나도 아공(我空)하고
나의 것이라는 것도 아소공(我所空)하고,
온 우주도 모두 공함인 법공(法空)을 알아
내가 있고 나의 것이 있다는 마음인
아견심(我見心)을 여의는 관법입니다.

남으로부터 물질이나 재산을
훔치는 것만이 도둑이 아닙니다
진짜 도둑은 남의 마음을 속여서
이익을 얻는 사람입니다

8.29

8.**30**

꽃보다 아름다운 건
천진한 아이들의 때 묻지 않은 마음입니다
본디 우리가 가지고 있었던
이 천진불(天眞佛)의 마음을
도대체 누가 때를 묻히고 훼손했을까요?
누구도 아닌 바로 나입니다.

"방귀 뀐 놈이 남 탓한다."고 합니다
허물이 많은 사람이
오히려 남을 탓한다는 뜻이지요
혹 당신은 그렇지 않은가요?
좋은 것은 양보하고
나쁜 것은 내 탓으로 돌리고 나면,
나를 사랑하는 사람이 많아질 것입니다.

복을 얻으려면 복을 지어야 합니다
복짓는 방법은 다른 게 아니라
남을 미소짓게 만드는 것입니다.

9.1

부처님께서는 길 위에서 나서
길 위에서 깨닫고
길 위에서 열반하셨습니다
사람은 누구나 길 위에 서 있습니다.

9.2

거울에 먼지가 앉으면
사물을 비출 수 없듯이
마음에 탐진치 삼독이 묻으면
세상을 똑바로 볼 수 없습니다
마음의 눈을 닦고
세상을 바라보세요.

남을 알려면
나를 먼저 알아야 합니다
나를 모르는 사람이
어찌 남을 알겠습니까?

9.4

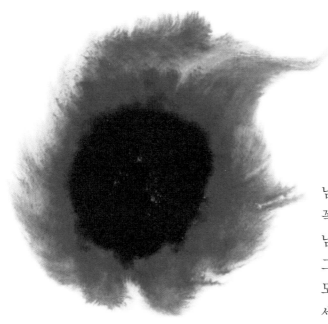

남을 돕는 방법은
꼭 물질만이 아닙니다
남을 돕겠다는
그 마음이 자비입니다
모든 사람이 이 마음을 놓지 않는다면
세상은 날마다 극락입니다.

콩 심은 데 콩 납니다
팥 심은 데 팥 납니다
콩을 심어놓고 팥을 기다리거나
팥을 심어놓고 콩을 기다리지 마세요
이것이 있으므로 저것이 있습니다.

추우면 추운대로 솜이불을 입고
더우면 더운 대로 옷을 벗으면 됩니다
그냥 순리대로 사는 것이
인생이고 삶입니다.

9.7

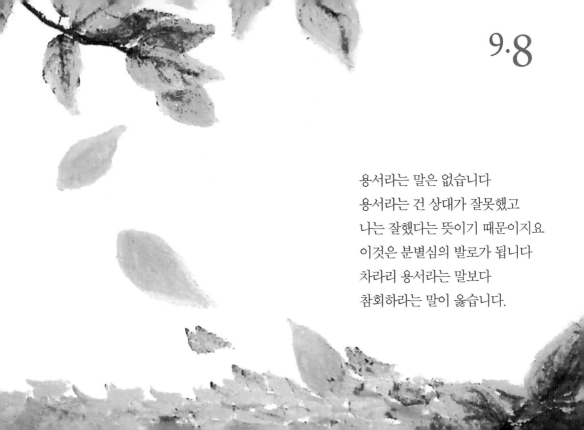

용서라는 말은 없습니다
용서라는 건 상대가 잘못했고
나는 잘했다는 뜻이기 때문이지요
이것은 분별심의 발로가 됩니다
차라리 용서라는 말보다
참회하라는 말이 옳습니다.

선업(善業)을 지으면
업의 그림자도 바로 서게 되고
악업(惡業)을 지으면
업의 그림자도 굽어집니다.

업을 카르마(karma)라고 합니다
업은 몸, 입, 생각으로 짓는데
이를 신구의 삼업이라고 합니다
사람은 업을 짓지 않는 생활을 해야
복이 쌓입니다.

마음거울에 묻은 때는
탐진치 삼독에서 비롯됩니다
남을 자꾸 돕다 보면
마음거울에 낀 때가 사라지고
마침내 몸과 병도 사라집니다.

9·11

마음에도 눈이 있습니다
그 눈에 때가 끼면 어떻게 될까요
세상을 보는 판단력이 흐려져서
선악을 제대로 구별하지 못합니다.

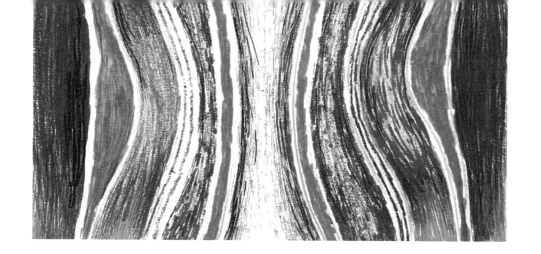

9·13

당신이 가진 보배는 무엇인가요
그것은 당신이 생각하고 있는 것보다
의외로 많습니다
이제부터라도 그 보배를 찾아보세요.

깨달음의 참모습은
잡념이 들끓는 상태에서나
잡념을 버린 무심의 상태에서
얻어지는 것이 아닙니다
홀연히 마음의 눈을 떠야만
진짜 '산과 물'을
바로 볼 수 있습니다
있는 그대로 사물을 바라보는 것이
깨달음입니다.

이것이 있음으로 저것이 있고
이것이 생기므로 저것이 생깁니다
이것이 없으므로 저것이 없고
이것이 죽으므로 저것이 죽습니다.

9·15

당신의 참모습은 어디에 있나요?
거짓인 나를 버리고
진실로 타인을 위해
봉사하는 당신이 바로 부처입니다.

9·16

극락은 멀리 있는 게 아닙니다
지금 내가 살고 있는
사바세계가 극락입니다
당신은 어디에 머물고 있나요
지옥인가요, 극락인가요
오직 내 마음에 달려 있습니다.

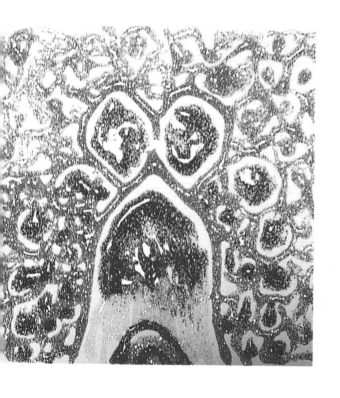

환경미화원, 택시기사, 우편배달부 등
이 땅의 외진 곳에서 이 사회를 위해
봉사하시는 모든 분들이
우리가 공양 올릴 대상입니다
그들이 바로 부처입니다.

부처님의 말씀이 담긴 경전은
팔만사천 가지에 이릅니다
먹고살기에 바쁜 현대인들이
배우기는 정말 힘듭니다
그런데 경전 속에 담긴
핵심적인 가르침은 무엇일까요?
마음 하나만 잘 다스리면
팔만대장경을 꿰뚫는 것보다 낫습니다.

맑고 밝은 마음을 가진 사람은
마음거울이 깨끗합니다
우울한 사람은 마음거울에
항상 때가 묻어 있습니다
당장 마음거울에 묻은
먼지와 때를 닦으세요.

알고 보면 당신이 바로 진금(眞金)인데
여태껏 모르고 살아왔습니다
자신이 진금임을 아는 순간
당신은 더욱 빛나게 됩니다.

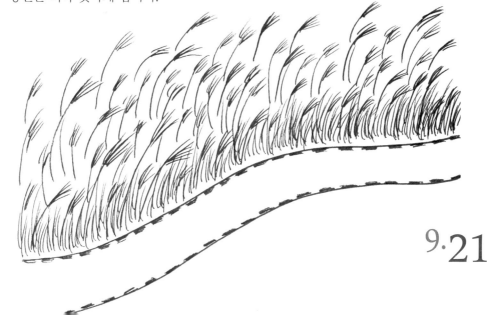

9.21

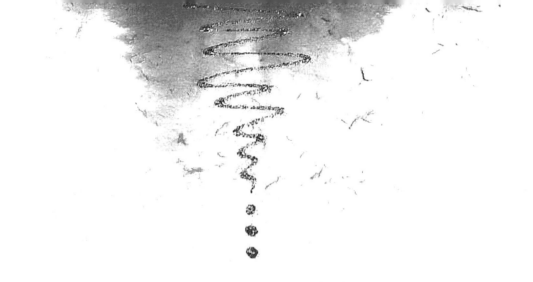

극락은 어느 쪽에 있는 것이 아니라
오늘 우리가 만난 사람이 부처임을 알아서
서로가 존경하고 공양한다면
지금 머무는 이 자리, 이 순간이 극락이 됩니다.

9·22

만상을 꿰뚫는
부처님의 법문이라 할지라도
이를 실천하지 않고
따르지 않는다면
아무런 소용이 없습니다.

출가는 성불을 이루어서
윤회를 끊는 길입니다
힘들고 어려운 길을 가기 위해선
설령, 길 위에서 부모님을 만나더라도
행인처럼 대하여야 합니다.
아프지만 그게 참 도리입니다.

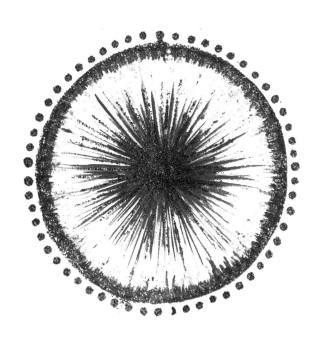

가난의 큰 적은 게으름입니다
'일일부작 일일불식(一日不作 一日不食)'
'일을 하지 않으면 먹지도 말라.'
수행자가 대자유를 얻기 위해선,
끊임없이 공부해야 합니다.

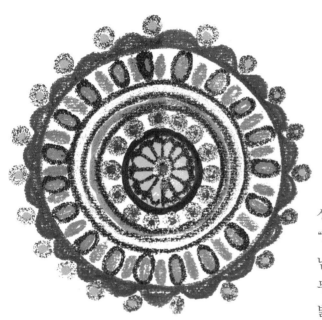

성철 스님이 말씀하셨습니다
"천하에 가장 용맹스러운 사람은
남에게 질 줄 아는 사람이며
무슨 일을 하든 남에게 지고
밟히는 사람보다 더 높은 사람은 없다."

좋은 것은 양보하고
나쁜 것은 내 탓으로 돌리고
항상 겸손하면
어느 날 문득 내 주변에
사랑하는 사람이 많아집니다.

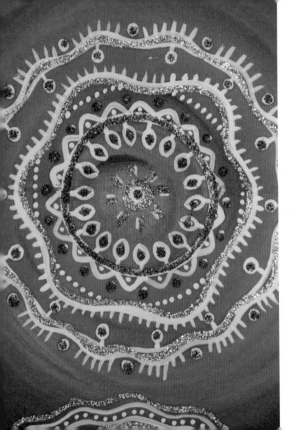

자비의 원천은 남의 질책과 경책을
나의 것으로 받아들이는 데에서 출발합니다
나를 욕하고 비난하는 사람을
용서하는 것은 실로 어려운 일이지만
나를 성장시키는 가르침으로 받아들인다면,
이것이 바로 성불의 길입니다.

어리석은 이는 자신의 잘못을
남의 탓으로 돌리지만
결국 업은 그에게로 돌아갑니다
현명한 이는 남의 잘못을
모두 자기 탓으로 돌리지만
결국 복은 그에게로 갑니다.

출가자의 본분은 귀머거리, 벙어리가 되어
정진하여 오직 성불을 이루는 데 있습니다
출가자가 참선을 게을리 하고
고행을 빙자해 시주만 받아내는 것은
고행외도(苦行外道)에 지나지 않습니다.

스님들이 부처님께 기도하는 이유는
일체중생이 지은 업을
대신 참회하기 위함이지요
그러므로 먼저 자신의 몸과 마음을
잘 다스려야 합니다.

10.1

흙 묻은 그릇에
물을 담으면 흙탕물이 되고
똥 묻은 그릇에
물을 담으면 똥물이 되듯이
마음 그릇도 그와 같습니다.

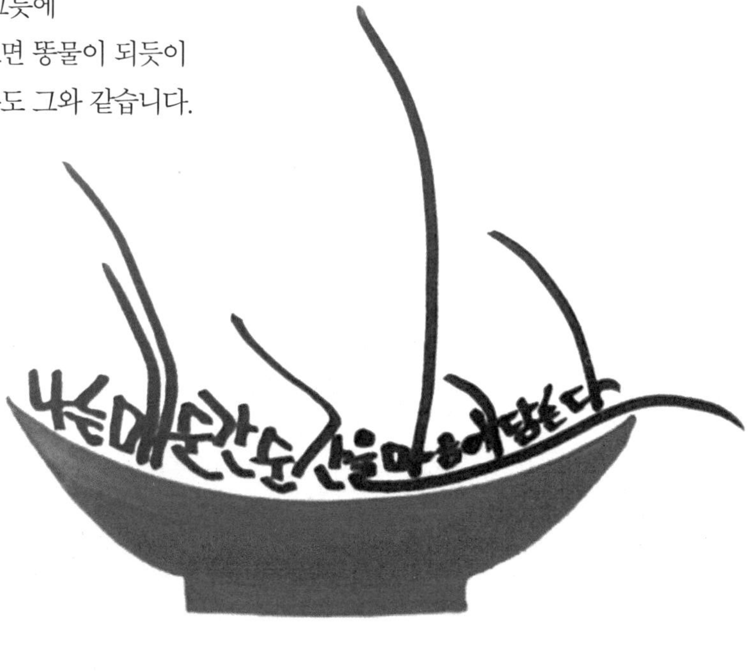

나는 매 순간 순간을 마음에 담는다

계율(戒律)은 그릇에
물을 담는 것과 같습니다
깨진 그릇에는
물을 담을 수가 없듯이
그릇이 더러우면
물이 더러워집니다.

삶과 죽음의 경계를 초월하여
생사해탈을 이룬 이가 참다운 대자유인입니다
당신은 영원한 자유인입니까?
아직도 미약한 중생입니까?

10.4

부처의 성품인 불성(佛性),
있는 그대로의 참모습인 법성(法性),
궁극적이고 변하지 않는 진리인 진여(眞如)
누구나 이 세 가지를 지니고 있지만
다만, 당신은 이를 모를 뿐입니다.

남으로부터 나 자신이
존경받으려고 한다면
더 이상 남이 나를 존경하지 않습니다
한없이 나를 내려놓으세요
그것이 내가 존경받는 길입니다.

계곡물이 위에서 아래로 떨어지고
강이 먼 바다로 나아가듯
남으로부터 존경받으려면
항시 마음을
낮은 곳으로 임해야 합니다.

알맞은 햇빛과 양분을 주어야
씨앗이 잘 성장하듯
우리가 지니고 있는
부처라는 씨앗도
선업으로 가꿔가야 합니다.

참회를 통해 나를 돌아보는 이는
점차 부처가 되어갑니다
참회하지 않는 사람은
부처가 될 수 없으며
존경받을 수도 없습니다.

참된 성직자는 진리를 찾기 위해
종교를 선택하지만
그릇된 성직자는 종교를 앞세워
진리를 구하려고 합니다
그런 성직자는 세속적인 영리를 추구하는
도구에 지나지 않습니다.

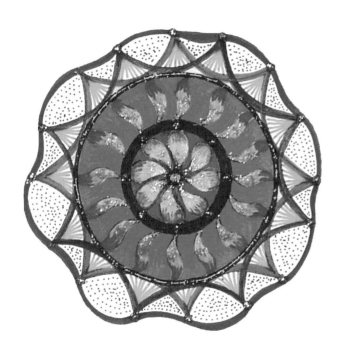

종교는 진리를 탐구하다가
발견된 교리입니다
말하자면 종교 이전에
진리가 있었지요
석가모니 부처님께서
설산에서 뼈를 깎는
고행을 하셨던 것도
진리를 찾기 위해서였습니다
그렇게 탄생한 것이 불교입니다
불교는 종교 이전에
진리의 세계입니다.

매일 단 10분만이라도 눈을 감고
'나는 누구이며 어디에서 왔는가?'
'이뭣고' 화두를 참구해보세요
변화되는 나를 발견할 수 있습니다.

사람은 나이가 들면
마음에 때가 묻습니다
어른이 때 묻지 않은 생활을 하려면
천진무구한 어린아이를 본받아야 합니다.

10.13

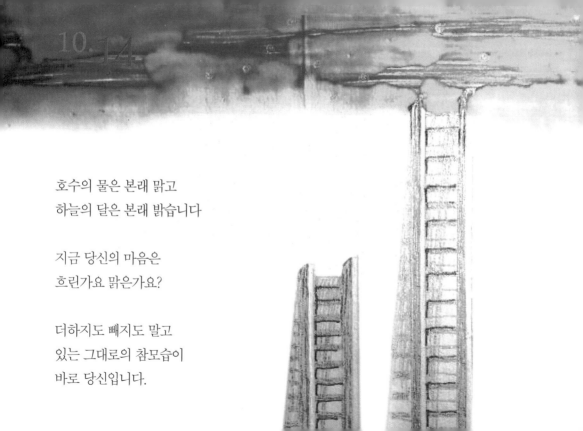

호수의 물은 본래 맑고
하늘의 달은 본래 밝습니다

지금 당신의 마음은
흐린가요 맑은가요?

더하지도 빼지도 말고
있는 그대로의 참모습이
바로 당신입니다.

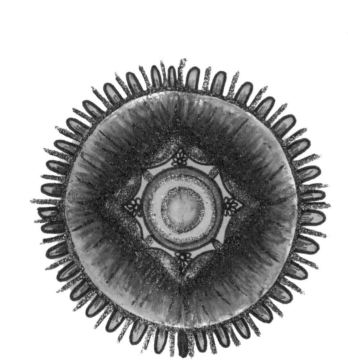

소승(小乘)은
나만의 깨달음을 구하고
대승(大乘)은 모든 사람들이 다 함께
깨달음을 구하는 길입니다
종교의 참모습은
나와 남을 모두 이롭게 하는
대승에 있습니다.

어둠은 빛을 이길 수 없고
거짓은 참을 이길 수 없습니다
다툼과 질투가 일어나는 것은
오직 상대적인 시각으로만
서로를 바라보기 때문이지요
모두가 부처라는 절대의 마음으로
세상을 바라본다면
다툼과 질투가 사라지고
오직 행복만이 있을 것입니다
눈뜬 봉사가 되지 마십시오.

우리는 미망과 어둠 속을
날마다 헤매고 있습니다
그 이유는 무엇일까요?
자신만이 최고라는
독선과 아만 때문이지요.

당신은 깨어 있습니까?
죽어 있습니까?
부처님의 말씀을
항상 잊지 않고 믿고 따르면
당신은 늘 깨어 있는 사람입니다.

나와 당신은 지구라는 별에

잠시 머물다가 가는

나그네에 불과합니다.

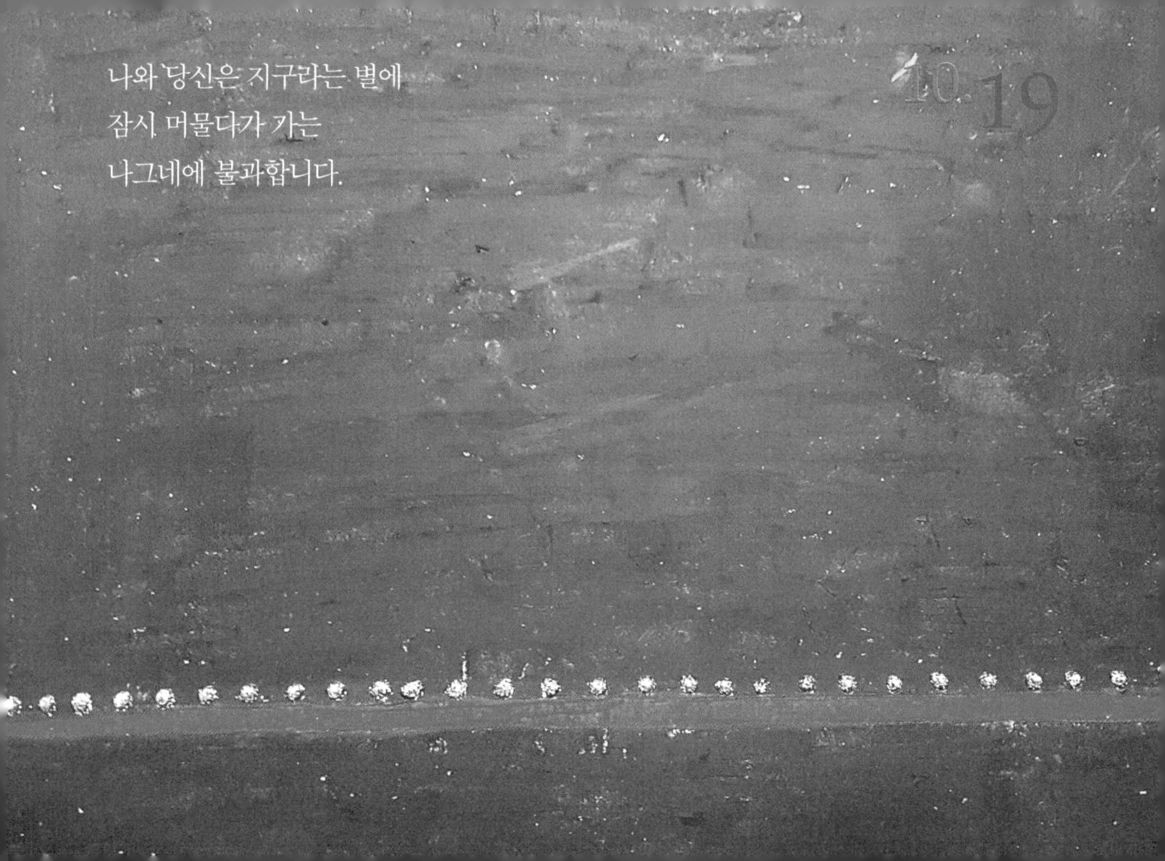

누군가를 더 이상 미워하지 마세요
미움은 미움으로
결코 지워지지 않고
오직 자비로만 사라집니다
지금이라도 자비를 베푸세요.

10.20

자비가 없는 곳은
다툼과 질시만이 있을 뿐입니다
사랑이 없는 삶은
미움과 살의만이 있을 뿐입니다

당신은 진정 어떤 곳에서
살기를 원하나요
미움의 옷을 벗어버리고
용서와 배려의 삶을 사세요.

선과 악을 나누는 것은
헛된 분별입니다
왜일까요?
비록 부처와 악마는 그 이름이 달라도
이미 한 몸이기 때문입니다.

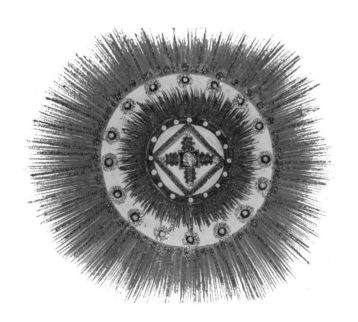

본디 마음속에는
부처와 악마가 모두 존재합니다
내가 가진 이 마음을
어떻게 쓰는가에 따라서
부처가 되기도 하고
악마가 되기도 합니다.

자기를 내세우면 내세울수록
명리(名利)와는 멀어지고
자기를 낮추면 낮출수록
명리와 가까워집니다
당신은 어떤 선택을 하시겠습니까?

수행자는 아무짝에도
쓸모없는 나무막대기처럼
세상과 등지고
오직 공부에 전념해야만
성불을 이룰 수 있습니다.

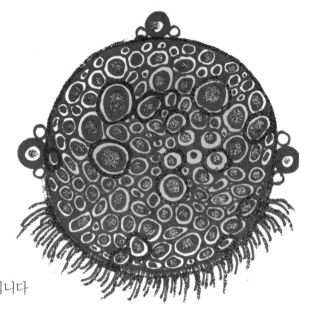

바위와 꽃과 바람, 미물까지도
부처 아닌 것이 없습니다
당신은 바위와 꽃의 모습을 보고
바람소리를 듣고서 무엇을 느낍니까?
귀에 들리는 법문만이 법문이 아니라
지금 눈앞에 보이는 것들이 모두 법문입니다
이제부터라도 자연의 형상과
소리에 귀를 기울여 보세요
닫혀 있던 마음의 문이 환히 열릴 것입니다.

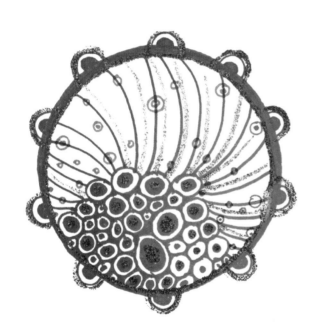

착한 것과 나쁜 것은 한 몸인데
시비로 인해 태어납니다
시비선악이 나타나는 것은
너는 너, 나는 나라는 욕심이나
분별심이 작용하기 때문이지요
이 세상은 더불어 사는 곳입니다
서로가 서로를 용서하고 배려할 때
우리 사는 세상은 불국토가 됩니다.

종교의 참다움은 나보다도
남을 위하는 데 있습니다
당신은 남을 위해
기도를 해본 적이 있나요?
해본 적이 없다면 지금이라도
두 손 모아 기도해보세요
행복을 가득 느낄 것입니다.

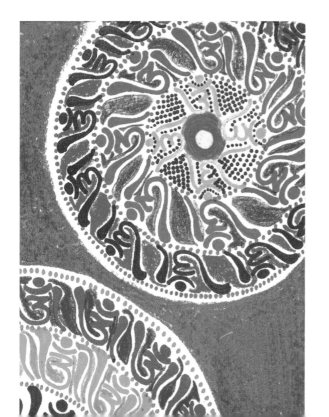

이 세상에서 가장 소중한 사람은
형제 자매도 친구도 아닌
바로 나 자신입니다
남으로부터 존경을 받으려면
먼저 남에게 베풀어야 합니다
이것이 나에 대한 참다운 도리입니다.

10.29

사람으로 태어나기도 어렵고
불법을 만나기도 어렵습니다
'인생난득(人生難得) 불법난봉(佛法難逢)'이라 하지요
하지만 우리는 사람의 몸을 받았고
어려운 불법을 만났으니
지금이야말로 성불하기 좋은 때입니다.

지금 당신은 참모습을 찾았습니까?
아무리 거울을 본들 '참나'는
거울 속에 비치지 않으며
맑고 깨끗한 호수에도 비치지 않습니다
그럼, 어디에 '참나'가 있을까요?
오직 '참구(參究)'에 있습니다
지금이라도 나를 찾기 위해
먼 길을 떠나세요.

보시란 절에 가서 하는 것만이 아닙니다
내가 부처이기 때문에
내 몸과 마음을 잘 다스리는 것도
위대한 보시이며 불사(佛事)입니다.

11.1

성공한 사람들의 공통점은
자신을 위해 살지 않고
남을 위해 삽니다
남을 위해 사는 것이
곧 나를 위하는 삶입니다.

부처님의 가르침은
늘 열려 있는 문과 같습니다
문을 열고 들어가 보세요
문 안에는 맑음과 밝음
행복이 가득 차 있습니다
문제는 당신이 열린 그 문을
열지 않는다는 데에 있습니다.

원수를 사랑하는 것보다
더 힘든 것은 없습니다
그런데 따지고 보면
이 세상에 원수가 어디에 있을까요
미움도 사랑도 슬픔도
내가 만든 것이 아닐까요
세상은 우연인 것 같지만
사실은 내가 만든 필연입니다.

11.4

남을 이해하고 배려하고
용서하는 삶을 사는 사람은
항상 행복이 무엇인가를
제대로 아는 사람입니다
남과 장벽을 쌓아두고 있다면
지금이라도 벽을 허물고
그에게 한발 더 다가가십시오
그러면 남도 다가올 것입니다.

자기 자신을 똑바로 보는 것,
남을 이기기는 쉽지만
나를 이기기란 결코 쉽지 않습니다
남을 존경하고 남을 배려하고
용서하는 마음이 나를 이기는 길입니다
이 세상에 나쁜 사람, 좋은 사람이란 없습니다
나의 기준으로만 판단하지 마세요
한 생각만 돌리면 모두가 부처입니다.

중도(中道)란 과하지도
넘치지도 않는 것이 아닙니다
중도는 나를 바로 아는 데서 출발합니다
이젠 화해가 필요한 때이고
서로를 이해할 때입니다
문을 열고 대화를 해보세요
어느 날 마음의 문이 활짝 열립니다.

누구나 깨끗한 마음거울을
가지고 태어납니다
이를 본마음이라고 하지요
하지만 세월이 지날수록
탐진치 삼독심(三毒心)으로 인해
마음거울에 잔뜩 때가 쌓입니다
당신과 내가 본마음으로 돌아가려면
어떻게 해야 할까요?
답은 오직 자신에게 있습니다.

험한 곳만을
찾아다니는 분이 계십니다
더러운 곳만을
찾아다니는 분이 계십니다
괄시받고 버림받은 이들만
찾는 분이 계십니다
그분은 누구일까요
바로 부처님입니다.

불교의 가치는
자비심에 있습니다
모든 중생이 평등하고
모든 중생이 행복을 누릴
권리를 존중합니다
이것이 부처님의 가르침입니다.

행복의 가장 큰 적은 집착입니다
무엇에 대한 집착일까요?
욕망과 명예와 재물과 색욕과 수명
다섯 가지에 대한 집착이지요
이것을 비우고 내려놓으면
누구보다도 행복해집니다.

선함도 악함도 없으며
옳고 그름도 본디 없습니다
모든 것은 마음이 지어낸 것입니다
그러므로 '일체유심조(一切唯心造)'의
이치를 제대로 알면
내가 부처임을 깨닫게 됩니다.

행복은 다른 것이 아니라
지금 이 순간
근심걱정 없이
편안하게 사는 것입니다.

내가 부처이고
당신이 부처임을 안다면
다툼과 질투가 사라지고
행복한 세상이 됩니다.

다이아몬드나 옥구슬은
억만년 동안 땅속에 있어도
변하지 않고 빛이 납니다
이렇듯 보배는 억만년이 지나도
본질이 변하지 않듯이
부처의 본성도 변하지 않습니다.
자신에게 있는 보배를 찾아보세요,

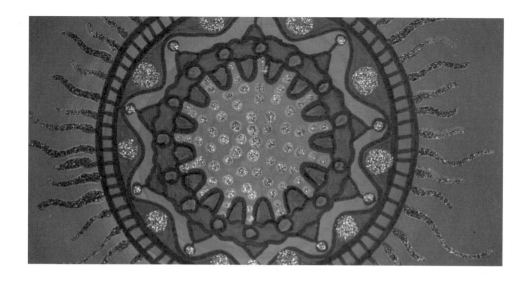

이 세상에 내가 존재하고 있다는 것이 경이이고
꽃과 풀, 아름다운 것들을 마주하는 게 경이입니다
다만, 우리는 이와 같은 소중함을
모르고 있을 뿐입니다.

11.16

성품이 훌륭한 사람은
차별과 분별심을 깨끗이 버리고
먼저 모든 대상을
있는 그대로 받아들입니다
옳고 그름을 여과시켜
온전하게 내 것으로 만듭니다.

나를 사랑하는 사람은
당연히 남도 사랑합니다
나를 사랑하지 않는 사람은
남도 미워하게 됩니다
나를 사랑하는 사람은
남을 미워하거나 해치지 않습니다
이것이 나를 지키는 비결입니다.

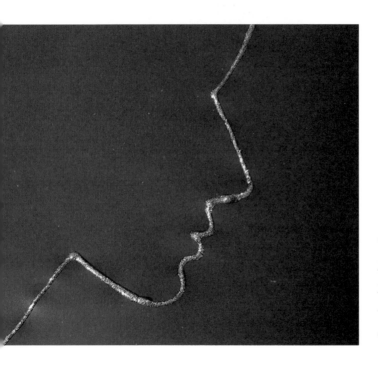

이 세상에 악마란 없습니다
모든 것은 내 마음이
지어내는 것에 불과합니다
내가 화를 내면 악마요
내가 자비를 베풀면 부처입니다.

당신은 남에게
나를 이해시키려고 노력하셨나요
당신은 남을 위해
한번이라도 좋은 일을 하셨나요
내 안에 깃든 부처의 마음을
친구와 이웃에게 전해보세요.

11.20

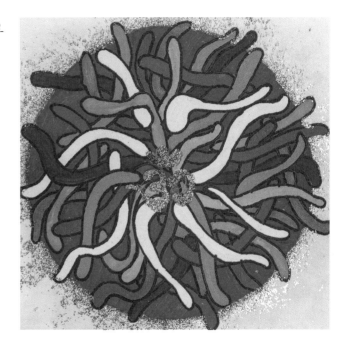

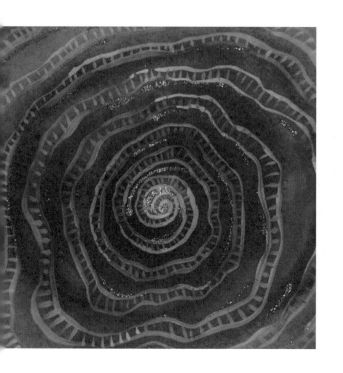

불행과 불안은 없습니다
마음에서 만들어지는 것이지요
연꽃이 진흙 속에서도 피어나듯
어려움에 처해 있다 하더라도
용기를 내어 보세요
당신은 모든 것을 극복할 수 있습니다
당신은 지금 당신의 마음이 만든
지옥에서 고통 받고 있으니까요.

내가 부처임을 아는 사람은
남도 부처임을 아는 사람입니다
남이 부처임을 아는 사람이
어찌 욕을 하고 싸움을 하고
해칠 수 있겠습니까?
어차피 한세상 다 함께 살아가는 것
서로 서로 존경하며 사는 것은 어떨까요?

거품 같은 인생을 살지 마세요
한때의 부귀영화도
거품에 지나지 않습니다.

당신은 누군가를 위해
등불을 밝힌 적이 있나요
당신이 등불을 밝히면
누군가는 당신을 위해
등불을 밝힐 것입니다.

사람들은 눈앞에 있는
이익만을 끊임없이 추구합니다
설령 내 것이 되었다고 하더라도
일시적인 즐거움일 뿐
영원히 내 것이 아닙니다.

매연만 공해가 아닙니다
당신이 무심코 내뱉는
나쁜 말과 생각도 공해입니다.

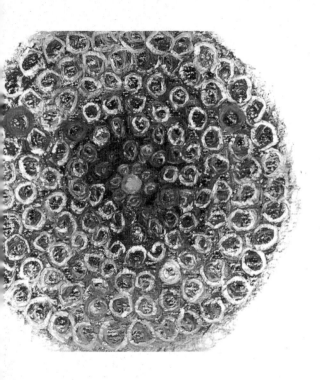

우리 속담에 '등잔 밑이 어둡다.'고 합니다
발아래를 잘 살펴야
구멍 속으로 빠지지 않습니다
마음공부도 내 마음을 잘 살펴야만
궁극의 진리를 얻을 수가 있습니다.

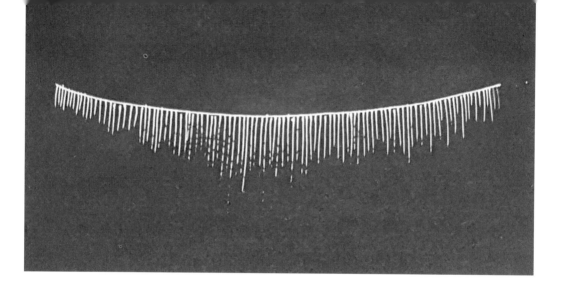

옛 선사들은 '수처작주'하라고 말씀하셨습니다
'앉은 자리마다 주인공이 되어라.'는 뜻이지요
내가 주인공이 되지 못하면
성불과는 거리가 멀어집니다.

11.28

산은 흰 구름 속에 있고
산은 산, 물은 물이로다.

11.29

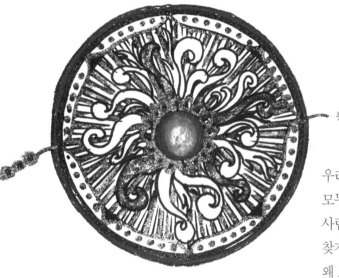

우리가 부처이기 때문에
모두가 진짜 금입니다
사람들은 내 안에 있는 진짜 금을
찾지 못하고 있습니다
왜 그럴까요? 탐욕, 성냄, 어리석음에
자신이 부처임을 모르기 때문이죠
그러므로 수행을 통해서
내 안의 부처를 찾아야 합니다.

깨달음에는
학벌도 소용없고
재물도 소용없고
명예도 다 소용이 없습니다
오직 수행만이 답입니다.

문은 늘 열려 있습니다.
자기 앞에 놓인
문을 열고 들어가는 용기가
때로는 필요합니다
큰일을 앞에 두고
주저하지 마세요
더 큰일을 놓칠 수 있습니다.

수행의 목적은
자신을 위해서가 아니라
항상 남을 위해
무엇을 할 것인가입니다.

남의 허물을 자주 말하는 사람은
자신이 허물을 가지고 있기 때문에
무의식이 발동하는 것은 아닐까요?

12.4

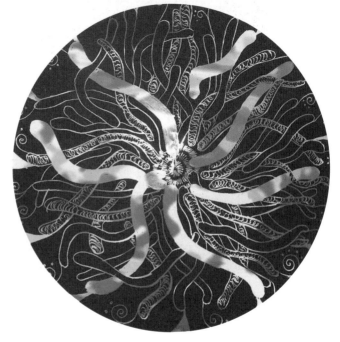

남을 잘 속이는 사람은
자기 자신을 속이고 삽니다
자기를 속이고 살기 때문에
남을 해치고 비방하고
못된 짓을 하는 것입니다
자기 자신을 사랑하는 사람은
비난을 듣지 않기 위해
몸과 마음가짐을 반듯하게 합니다.

물은 얼음이 되어도
질량은 변하지 않습니다
인간의 선악도 마찬가지입니다
착한 일을 많이 하면 공덕도 쌓이지만
나쁜 일을 많이 하면
그만큼 악업도 쌓입니다
이것이 인과법입니다.

12.6

극락은 따로 없습니다
번뇌 망상으로 생긴
먼지만 닦아내면
그대가 바로 부처이며
그 자리가 바로 극락입니다.

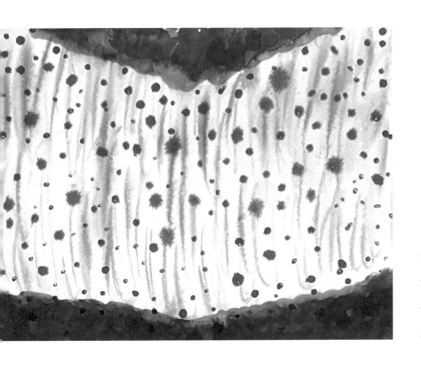

떨어진 옷을 깁듯
마음이 병든 사람은
수행과 기도로써
그 업을 씻어야 합니다.

수행자가 참선을 하는 것이나
재가자가 기도를 하는 것이나
수험생이 시험공부를 할 때
가장 필요한 마음은 간절함입니다
당신은 어떤 마음으로 살고 있나요.

나는 이 세상에
단 하나뿐인 존재입니다
그런 나를 위해서
날마다 기도하세요.

꽃도 잎을 피울 때를 알고
해도 뜨고 지는 때가 있듯이
자신의 가치가 드러날 때가 있습니다
그 시간을 위해 항상 나를 준비하세요.

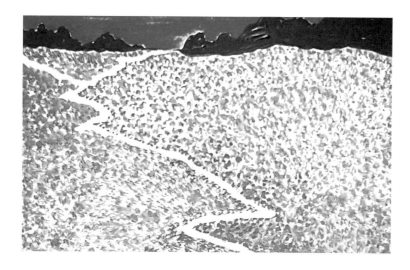

우리 앞에는 두 갈래 길이 있습니다
가야 할 길과 가지 말아야 할 길입니다
그런데 그 길을 잘 모른다는 게 문제이지요
그때 필요한 것이 지혜인데
부처님은 바로 그 지혜를 가르쳐줍니다.

12.12

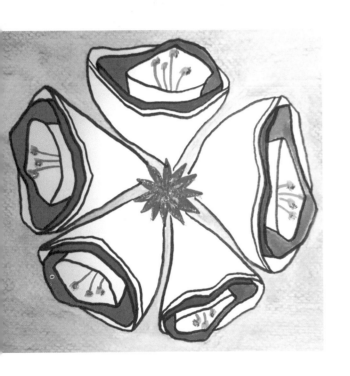

잘못을 하고도 참회하지 않는 이는
잘못을 모르고 저지르는 이보다
더욱 나쁩니다
잘못을 모르는 이는
고칠 수 있지만
참회할 줄 모르는 이는
고칠 수 없기 때문이지요.

부처의 눈에는
부처만 보이고
돼지의 눈에는
돼지만 보인다고 합니다
당신은 부처인가요?
돼지인가요?

입을 잘 단속하고
마음을 잘 다스리고
악한 행동을 저지르지 마세요
이 세 가지만 잘 지켜도
당신은 성공할 수 있습니다.

12.15

자신의 존재는
예수보다도 귀하고
부처보다도 귀합니다
종교도 자기 이전에
있을 수 없습니다
이토록 귀한 존재인
나를 먼저 사랑하세요.

절에 가서 부처님께 절을 하는 것은
부처님께 올리는 공양이 아니라
바로 자신에게 올리는 공양입니다
나에게 공양을 하듯 부처님을 공양하세요.

12.17

유리잔이 하나 있습니다
이것을 냉동실에 넣었다가
뜨거운 물을 부으면 금이 갑니다
이렇듯 어떤 일을 할 때
절대로 서두르지 마세요
천천히 해도 늦지 않습니다
중요한 것은 제대로 길을 가는 겁니다.

꽃이 져야 열매가 맺습니다
모든 일에는 순서와 때가 있듯이
순리를 따르는 것이 현명합니다.

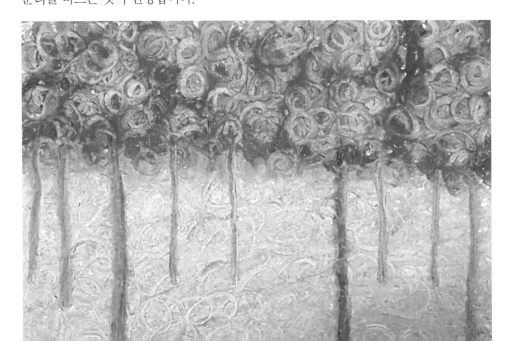

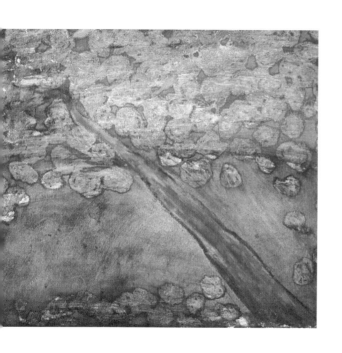

열반을 앞두고
부처님께서 말씀하셨습니다
"45년 동안 설법을 하였지만
단 한 번도 너희들에게
새로운 걸 가르친 적이 없다.
다만 너희가 가지고 있는 것을,
있는 그대로 설법했을 뿐이다."

역사가인 토인비가 말했습니다
"20세기 가장 중요한 사건은
세계대전, 공산주의의 몰락,
여성인권의 신장이 아니라
동양의 불교가 서양으로 건너온 일이다."
물질문명으로 인해서 생긴
인간의 아픔과 고뇌를 치유할 수 있는
유일한 종교가 바로 불교이기 때문이지요.

불교는 과학도 신도 아닙니다
본성(本性)에 근거를 두고
어려움에 처한
나를 구원하는 종교이며
매력적인 철학입니다.

12.23

어떤 수좌가 운문 스님에게 물었습니다
"스님, 부처가 무엇입니까?"
"허허, 마른 똥 막대기이니라."

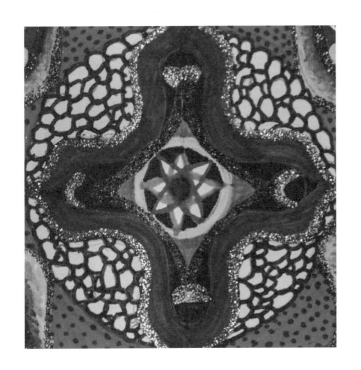

우리는 존재의 흐름을
어떻게 건너갈 수 있으며
고뇌를 정복할 수 있는
현명한 방법은 무엇일까요?
《숫타니파타》

하늘에서 비가 내리면
작은 그릇은 그만큼의 물만 받지만
큰 그릇은 많은 물을 받을 수 있습니다
당신은 어떤 그릇을 준비하고 있습니까?

12.25

화가 만병의 근원이므로
이것을 없애기 위해서는
'무심(無心)'해야 합니다
'무심'은 없는 마음이 아닌
자신의 마음을
무한하게 채울 수 있는
겸허를 뜻하지요
자기에게도 겸손하고
타인에게도 겸손하세요.

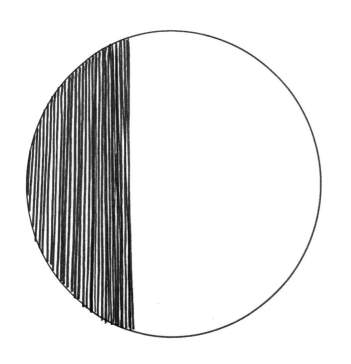

달마가 말했습니다
"그대가 무심을 벗어나서는
어떤 부처도 찾을 수 없으며
열반을 얻는 것도 불가능하다.
그대의 무심이 바로 열반이다."

잘못된 생각보다 더 위험한 것은
헛된 생각입니다
자신이 해야 할 일을 하지 않고
오직 번뇌와 망상에서 헤매는 것은
중독자로 치달을 수 있습니다
이런 사람은 성불은커녕
똥통에 빠지기 쉽습니다.

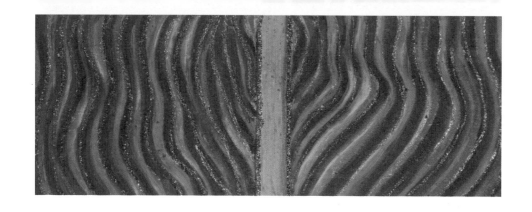

세상엔 여러 종류의 사람이 있습니다
일을 하면서도 항상 투덜거리는 사람,
어떤 일을 해도 불평불만인 사람,
묵묵하게 최선을 다하는 사람,
남을 돕기 위해 앞장서는 사람 등입니다
중요한 건 '빈 깡통이 요란하다'는 것이지요.

12.29

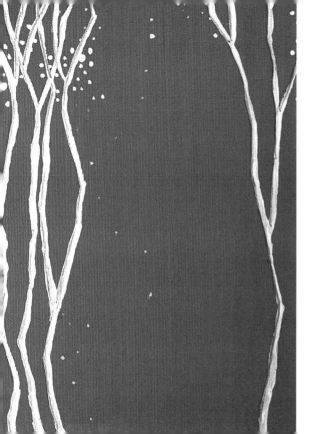

사람은 여섯 가지의 적을 만납니다
첫째가 도박이며, 둘째가 주색,
셋째가 나쁜 벗, 넷째가 게으름,
다섯째가 때를 기다리지 않는 급한 마음,
여섯째가 풍류입니다.
마음먹기에 따라서
얼마든지 조절할 수 있는 것들입니다.

적절하게 일을 하고
참을성 있게 노력하는 이는
재산을 모읍니다
성실을 다하면 명성을 떨치고
무엇인가를 줌으로써
많은 친구들을 얻습니다
당신은 어떤 사람입니까?

《숫타니파타》